AF383847

THÈSE POUR LE DOCTORAT

LÉGISLATION DES MINES.

THÈSE

POUR LE DOCTORAT.

*L'acte public sur les matières ci-dessus sera soutenu le
mercredi 2 février à 2 heures et demie*

Par ALBERT LE GUAY

(Né à Paris)

AVOCAT A LA COUR IMPÉRIALE DE PARIS.

Président: M VUATRIN, Professeur.

MM.

SUFFRAGANTS:
PELLAT,
VALETTE.
PEREYVE.
} Professeurs.
RATAUD,   Suppléant.

*Le Candidat répondra en outre aux questions qui lui seront faites sur
les autres matières de l'enseignement.*

PARIS

IMPRIMERIE DE W. REMQUET ET Cⁱᵉ,

rue Garancière, 5.

1853

Napoléon lui-même avec les nombreuses armées, qui sont à sa disposition, ne pourrait néanmoins s'emparer d'un champ ; car, violer le droit de propriété en un seul, c'est le violer dans tous. Le secret est donc ici de faire des mines de véritables propriétés et de les rendre par là sacrées dans le droit et dans le fait.

(Napoléon I, discussion de la loi sur les mines, au conseil d'État, séance du 18 novembre 1809, Locré, t. ix, p. 314).

INTRODUCTION.

1. Parmi toutes les richesses naturelles que Dieu a mises à la disposition de l'homme, on peut considérer les métaux comme une des plus utiles. Soit que sous la forme de monnaie ils lui servent à opérer les échanges de chaque jour, soit qu'il en tire les ustensiles indispensables à sa vie quotidienne, qu'il en fasse les armes nécessaires à la défense de ses foyers, ou enfin qu'il leur donne l'un des emplois innombrables auxquels son génie les a appropriés, les métaux présentent toujours un caractère de nécessité absolue à la vie de l'homme et à la grandeur de la société. Mais comme si la nature, par une contradiction inexplicable, avait voulu rendre leur possession plus difficile en raison de leur utilité, c'est au sein de la terre qu'elle les a enfouis, et elle n'a permis à l'homme de les posséder qu'après d'énormes obstacles surmontés, des travaux gigantesques accomplis.

Une conséquence inévitable des idées que nous venons de retracer, c'est l'immense valeur que devaient acquérir les gisements métalliques, ou plutôt les mines. Aussi, l'utilité des métaux, les difficultés à vaincre pour s'en rendre maître et leur valeur, étaient trois motifs également puissants pour attirer la sollicitude du législateur. Cette sollicitude n'a pas fait défaut à notre matière, au moins dans les temps modernes, car, si nous remontons aux temps anciens, si nous cherchons à recueillir dans les précieux monuments de la jurisprudence romaine, les débris que le temps nous a légués sur leur législation minière, nous sommes profondément affligés de l'inutilité de nos efforts.

Soit que ces monuments n'aient pas pu échapper à l'outrage du temps, soit que le législateur romain, préoccupé plutôt des intérêts agricoles et sociaux que des intérêts industriels, ait laissé dans l'ombre ces importantes questions, nous sommes impuissants à reconstruire d'une manière complète et certaine la législation administrative sur les mines, qui était en vigueur dans l'empire romain. Doit-on s'en étonner? L'industrie avait-elle, dans la civilisation ancienne, ce caractère dominant qu'elle a pris dans la société moderne? C'est ce que personne n'oserait soutenir. Nous pensons donc que c'est aux mœurs du temps qu'il faut attribuer la fâcheuse lacune que nous venons de signaler.

2. L'étude de la législation des mines présente un grand intérêt à plusieurs points de vues. La recher-

che des règles administratives de notre époque, pour la concession, l'exploitation, le délaissement des mines, est rendue plus attachante encore par l'importance des capitaux engagés dans ces entreprises, et l'accroissement continuel et rapide de cette branche de notre industrie nationale. Mais si, d'une part, les intérêts considérables qui se rattachent à l'exploitation des mines en attirant l'attention du législateur doivent aussi éveiller celle du jurisconsulte, d'autre part, la multiplicité des lois, l'habileté qui a présidé à leur confection, mettent d'heureuses bornes à ses travaux, et sa tâche se réduit souvent à exposer des règles sur lesquelles aucun doute ne peut s'élever, aucune discussion ne peut surgir.

Il trouvera cependant dans l'étude historique et approfondie des progrès de cette législation, une riche compensation à l'aridité de sa première tâche. Ces dispositions si précises, qui font la gloire de notre temps, ne remontent qu'à une époque peu éloignée. La loi de 1810 est un travail entièrement neuf ; ce n'est pas dire que le législateur de 1810 n'ait rien emprunté à ses prédécesseurs, mais ses bases sont nouvelles, ou, tout au moins, il n'est pas certain qu'elles aient été posées avant lui. Ainsi donc, éclairer la législation antérieure, voir quelles dispositions régissaient les mines avant 1810 et 1791, suivre le progrès de la législation, depuis les édits de Charles VI jusqu'à nos jours, voilà une autre partie de la tâche que nous nous sommes imposée.

3. Les mines ne méritent point notre attention

1.

seulement au point de vue du droit administratif. Les règles, qui leur sont propres, ont souvent un rapport intime avec le droit privé, et si nous avions à louer tout à l'heure la prévoyance du législateur au point de vue administratif, ici, au contraire, on pourrait l'accuser d'indifférence et même d'oubli, si quelques dispositions disséminées, perdues, qui semblent lui être échappées par surprise, ne nous révélaient qu'il a au moins soupçonné que les mines n'étaient point étrangères au droit privé.

Ce sont ces règles que nous aurons à expliquer, à commenter, à élargir; nous aurons aussi à examiner si la loi de 1810, qui est le code de la matière, n'est pas venue, par des principes nouveaux, apporter une dérogation aux dispositions précédemment posées. Enfin, les règles du contrat de mariage, de la propriété, de ses diverses modifications, des priviléges et hypothèques qui sont communs aux mines et aux autres biens, celles qui leur sont particulières, seront tour à tour l'objet de nos études.

PREMIÈRE PARTIE.

Histoire de la législation des mines.

CHAPITRE PREMIER.

Droit romain.

SECTION I. — *Des mines dans le droit romain en général.*

4. La législation romaine a varié selon les temps et selon les mœurs des peuples qu'elle régissait ; nous la voyons tour à tour minutieuse et attachée à des formes rigoureuses, puis s'écartant peu à peu des premières règles, dont le formalisme ancien l'avait surchargée. A cette époque de transition succède le grand âge de la jurisprudence romaine, illustré par les jurisconsultes les plus éminents. La décadence de l'empire amène celle de la jurisprudence, et l'on voit peu à peu s'altérer cette législation si sage, objet d'une admiration universelle, qui est encore de nos jours une source inépuisable d'enseignements pour

— 6 —

les jurisconsultes et un magnifique témoignage de la
grandeur romaine.

5. Nous avons à nous demander jusqu'à quel
point, pendant chacune de ces époques, le législateur
romain s'est occupé des mines; or dans les docu-
ments qui remontent aux trois premières phases du
droit romain, nous ne trouvons aucune règle qui
leur soit particulière. Non que le fer ou les autres
métaux précieux aient fait défaut à la république
romaine, non que les temples de l'empire aient été
privés de bronze ou de marbre, mais parce que la
propriété des mines et des carrières n'était pas distincte et séparée de celle des autres immeubles.

Si nous trouvons à grand peine au *Digeste* quelques textes traitant des mines et des carrières, tantôt
dans le titre de l'usufruit, tantôt dans celui du fonds
dotal, c'est pour entendre Ulpien nous dire que les
mines et les carrières sont, à l'égard de l'usufruit,
soumises aux mêmes prescriptions que les autres
immeubles ; ou bien pour voir Javolenus prendre
comme exemple d'une application des principes généraux, le cas où un mari a ouvert une mine ou
creusé une carrière sur le fonds dotal. Tout cela
n'est-il pas d'ailleurs l'application du principe bien
connu, que le propriétaire de la superficie est aussi
le propriétaire du sous-sol. Pourquoi, en effet, en
serait-il autrement? Quelle a été l'origine d'une législation spéciale pour les mines ? Si l'on s'attache à
rechercher les motifs de cette distinction, on dé-
couvre qu'elle a eu deux points de départ : 1° l'in-

térêt général, 2° la fiscalité. Et à aucune époque du droit romain, le premier fait ne fut assez considérable pour nécessiter une législation particulière aux mines. Nulle part dans l'antiquité on ne voit cet accroissement du commerce, cette prodigieuse prospérité industrielle qui, devenant la source de la richesse nationale, forcent le législateur à jeter un regard inquiet et protecteur sur l'un des objets qui ont le plus contribué à son développement. Nous croyons pouvoir affirmer que ce motif est tout moderne, et que c'est à notre époque qu'il faut rechercher les règles que l'intérêt de tous a fait introduire dans la législation des mines, au risque même de porter atteinte aux règles ordinaires de la propriété.

Quant au second fait, la fiscalité, nous le croyons essentiellement romain et impérial. Mais précisément parce qu'elles ont eu leur source dans la fiscalité du trésor impérial, les règles particulières aux mines, n'ont pas occupé les jurisconsultes romains qui, recherchant uniquement les questions de droit privé, laissaient aux empereurs le soin d'établir et de régler par leurs constitutions les principes du droit administratif.

Enfin, si une supposition nous était permise, ne pourrions-nous pas dire que la plupart des mines de métaux précieux, étaient la propriété de la république et de l'empire qui se les réservaient lorsque l'on partageait les dépouilles des ennemis vaincus, et les condamnations des criminels aux mines *ad metalla*, aux travaux publics, ne nous indiquent-elles pas que les mines étaient la propriété de l'État, qui les faisait exploiter par les criminels (1, 2). Si cela était, toutes les questions qui se rattachaient à cette importante matière, appartenaient au droit public, et partant devaient rester étrangères à des jurisconsultes qui ne s'occupaient que de droit privé. Voilà comment nous arrivons à expliquer l'indifférence des jurisconsultes romains pour une partie aujourd'hui si importante de nos lois.

SECTION 2. — *Des mines au point de vue administratif dans le droit romain.*

6. Nous l'avons déjà dit, ce sont les constitutions impériales seules qui peuvent nous fournir quelques renseignements sur ce sujet. Les deux principaux recueils, le Code théodosien et le code de Justinien (3), nous présentent l'un et l'autre un titre entier consacré aux mines (V. *C. Th.*, lib. X, tit. 19, et *C. J.*, lib. XI, tit. 6, *De metallis*). Néanmoins, il faut reconnaître qu'il est difficile d'arriver à rien de précis.

Les monuments du droit romain, dans un âge pos-

(1) *V.* d'ailleurs Godfroid, Code Théod., t 3, p. 520, sur la loi 3, lib, x, tit. 19, com. § 1.

(2) *V.* Tacite, liv. v, Annales. Diodore, liv. 11. Pline, liv. xxxiii, chap. 4.

(3) Il est certain que l'impôt sur les mines existait avant les constitutions impériales relatées au Code théodosien. *V.* l. xvii, § 1. De verbo, signif. adde, l. xvi, § 7, de Vectigalibus. Le premier texte est d'Ulpien, le deuxième est de Marcien.

térieur, ne nous offrent aucun renseignement (1), et, soit dans la collection des authentiques, soit dans les autres recueils qui ont passé sous nos yeux, nous n'avons rien trouvé qui eût trait à notre sujet.

Quant aux constitutions qui se trouvent au Code de Justinien, elles sont toutes extraites du Code théodosien, où on en lit quelques autres qui n'ont point été reproduites et dont nous parlerons plus tard.

Celles du Code de Justinien sont au nombre de sept, toutes extrêmement courtes. Et encore l'une d'elles, la septième, de l'empereur *Théodose*, traite des poursuites à exercer contre les ouvriers des mines qui ont abandonné l'exploitation à laquelle ils appartenaient ; et, par conséquent, elle se rapporte plutôt aux règles de l'esclavage ou du colonat. Cette constitution est reproduite du Code théodosien, mais elle a été coupée et interpollée par Tribonien, qui l'a appropriée à la législation de son siècle.

La constitution 4 des empereurs *Gratien*, *Valentinien* et *Théodose* n'a également qu'un rapport indirect avec notre sujet ; elle prouve que l'impôt sur les mines était perçu par les Curiales. On en peut du moins tirer cette conséquence que l'État ne faisant que percevoir une redevance sur les mines n'en était pas toujours propriétaire. La première constitution des empereurs *Valentinien* et *Valens*, la cinquième des empereurs *Valentinien*, *Théodose* et

____

(1) *V.* cependant Basyliques, 56, tit. 12, c. 5.

Arcadius révèlent également l'existence d'un impôt dont la base et la quotité varient tour à tour. Tantôt c'est *octonos scrupulos in ballucâ* (1), tantôt l'impôt a pour base le nombre d'hommes employés à l'extraction du métal.

La constitution 2, émanant des mêmes empereurs que la première, doit être, selon Godefroid, rapprochée de la constitution 1 C. J. (*De numismatis*) qui en est la suite, avec ce complément elle aurait pour objet de fixer quel devait être le poids de la *ballucâ auri*.

La constitution troisième des empereurs *Gratien*, *Valentinien* et *Théodose* nous présente un exemple d'une nouvelle redevance, perçue sur le revenu des mines et des carrières ; nous avons à nous bien fixer sur le sens de cette constitution qui est selon nous la plus importante de ce titre. Elle crée au profit de l'État et du propriétaire une redevance qui s'élève à un dixième des produits.

Qu'elle est la nature de cette redevance? est-ce un loyer? c'est-à-dire le propriétaire du fonds est-il resté propriétaire de la mine ou de la carrière dont il est question, et l'exploitant n'est-il qu'un fermier? Deux motifs nous font rejeter cette interprétation. Premièrement, la redevance attribuée au maître (*Domino*) est identique à celle que la même constitution réserve à l'État; par conséquent, elle ne saurait

(1) Sur la valeur de ces termes consultez Alciat h, tit, et les notes de Godefroid.

être un loyer ; de plus, n'est-elle pas beaucoup trop minime pour avoir ce caractère. Les mêmes causes n'empêchent-elles pas de la considérer comme le prix d'une cession volontaire.

Ne trouvons-nous pas plutôt dans cette disposition le germe de la distinction entre la propriété de la surface et la propriété de la mine, qui est la base de notre loi actuelle. La redevance du dixième des produits ne représente-t-elle pas assez bien une sorte d'association entre le propriétaire de la surface et l'exploitant de la mine, qui lui paie une indemnité afin de pouvoir continuer ses travaux sous son fonds (1). Dès cette époque il était impossible que la propriété des mines restât restreinte et divisée comme la surface terrestre. La disposition naturelle des minéraux dans le sein de la terre répugne à de semblables divisions, et les frais qu'occasionne l'extraction des minéraux rendent ces entreprises impossibles quand elles ne peuvent pas avoir lieu sur une grande é helle.

Nous demeurons donc bien convaincu que c'est là le sens de notre constitution. Il nous semble encore en trouver une nouvelle preuve dans les termes même de la constitution. *Cuncti qui per privatorum* (2). Mais ce qui reste obscur, ce qu'il est difficile de déterminer, c'est l'étendue du droit du superficiaire ; pouvait-il s'opposer à l'invasion de son terrain ? L'ex-

(1) God. com. Cod. Théod. h. lég. h. tit.
(2) Consultez aussi l'ordonnance de Louis xi sur les mines. 1469. Montils-les-Tours.

ploitant avait-il le droit d'envahir le sous-sol en se soumettant à payer la redevance du dixième? Un ancien jurisconsulte français (1) nous présente ce point comme contesté à Rome : c'est le seul endroit où nous ayons trouvé la question soulevée.

7. Autre question : Quel est le sens de ces mots : *eadem copia persequendi denegetur ?* Dans la constitution 6 des empereurs *Théodose, Arcadius* et *Honorius*, il s'agit d'un cas où l'excavation d'une carrière de marbre menace les fondements d'une habitation appartenant à un étranger. Les empereurs décident qu'on refusera aux exploitants la permission de poursuivre leurs travaux ; faut-il en conclure qu'une permission avait été nécessaire pour les commencer, et, par conséquent, faire remonter jusqu'au droit romain le principe des concessions, qui est une autre règle de notre droit moderne. Rien dans le Code de Justinien ne nous donne la solution de cette question ; mais les deux premières constitutions de notre titre au Code théodosien nous conduisent à rejeter ce sens sans hésitation, car elles contiennent une permission générale d'exploiter les carrières de marbre, afin, dit l'empereur, d'en faire diminuer le prix (2).

Il faut plutôt voir, dans la constitution du Code de Justinien, une recommandation faite aux magistrats de veiller sur la propriété des citoyens, et de défendre de continuer des travaux qui portent préjudice

(1) Choppin, Traité du domaine sur les mines.
(2) *V.* C. Théod. lib x, tit. xix, l. 1 et 2.

à des propriétaires; comment expliquer ce préjudice ? peut-être en supposant une carrière ouverte
sur un fonds qui, par l'exploitation, envahit le sous-
sol des propriétés voisines. On peut aussi présenter
l'interprétation suivante : supposer des travaux faits
sur le bord de son terrain par un propriétaire, les
excavations *(cuniculis in altum de fossis)* menacent
les constructions des voisins ; le magistrat interdit ces
travaux (1).

Nous avons passé en revue tous les textes qui se
trouvent au Code de Justinien, il en est quelques
autres dans le Code théodosien qui n'ont point été re-
produits, soit parcequ'ils ne contenaient que des dispositions pénales ; par exemple une constitution qui
impose une peine à ceux qui introduisent de l'or en
Sardaigne, soit parce que les constitutions ne contenaient que des lois temporaires (2). Néanmoins,
parmi ces lois, que l'on suppose temporaires, il en est
quelques-unes qui présentent une certaine importance dont nous allons dire quelques mots. C'est
d'abord une constitution des empereurs *Valentinien,
Théodose* et *Arcadius,* qui interdit aux particuliers
d'exploiter les carrières de marbre, et menace de la
confiscation des marbres extraits ceux qui enfrein-
dront cette disposition. On est, il faut l'avouer, assez
embarrassé au premier abord, pour expliquer cette
loi, et surtout pour la concilier avec la constitution 1

<hr>

(1) *V.* Cep. God. Comm. du C. Théod. h. l. h. t.
(2) *V.* God. not. const. 2, C. Th. h. tit.

(eod. tit., C. théod.) qui accorde une autorisation
générale d'ouvrir des carrières ; mais, on peut, selon
nous, adopter la conciliation de Godefroid qui prétend qu'il s'agit, dans ce cas, de tentatives d'exploitation faites par des particuliers sur les mines de
l'État (1). Ne pourrait-on pas d'ailleurs en faveur de
cette opinion, tirer un argument d'une autre constitution insérée au Code théodosien, laissée également de côté par Justinien, et qui, au lieu de défendre les fouilles, les autorise au contraire, et engage à en faire. Rappelons seulement ici que Godefroid ne considère cette constitution que comme
temporaire. Les autres textes, qu'on ne trouve que
dans le Code théodosien, sont sans importance, ou
ont été expliqués plus haut.

Quelque incomplètes que nous paraissent ces expli-
cations, l'insuffisance des textes que nous avons sous
les yeux ne nous permet pas d'en fournir de plus
claires. En résumé, nous tirerons de ces lois ces con-
clusions : que les mines qui n'appartenaient pas à
l'État étaient soumises à un impôt, et que l'exploitation des mines n'était pas soumise à l'obtention d'une
autorisation du magistrat, enfin, que l'impôt qu'elles
payaient a varié suivant les époques et suivant les
pays. Ces recherches ont d'ailleurs une autre importance que celle qui apparaît d'abord ; sans doute il
serait intéressant et utile de reconstruire le système
administratif des Romains sur les mines, mais nous

____

(1) *V.* God. Com du C. Théod. h. l. h. t.

serions surtout heureux d'y rencontrer des motifs de décision des questions difficiles et controversées que nous aurons à examiner lorsque nous étudierons l'histoire de la législation de la France.

Quant aux lois de police et de surveillance, qui sont une partie si importante de notre législation actuelle, elles nous font complétement défaut, soit parce qu'elles ont été perdues, soit qu'il n'en ait pas existé, et nous serions assez porté vers cette dernière supposition. Comment, en effet, étaient exploitées les mines? Par des esclaves, dans le principe; les condamnations aux mines ne nous laissent aucun doute à cet égard; plus tard, dans ces travaux comme dans ceux de la culture, l'esclavage fut remplacé par le colonat; nous avons une preuve certaine de ce fait dans la constitution 7 de notre titre, que nous avons déjà citée. Nous conclurons donc de là que les lois sur l'esclavage et sur le colonat furent tour à tour communes aux mineurs et autres esclaves et colons. La vie des esclaves importait trop peu à l'égoïsme de la vieille Rome, pour que sa sollicitude fût éveillée par les dangers qu'ils couraient dans l'exploitation des mines; et quand, plus tard, les principes d'humanité vinrent modérer l'esclavage en tempérant la rigueur de la puissance dominicale, ils ne pénétrèrent pas assez avant dans la législation romaine pour donner naissance à des lois de la nature de celles dont nous cherchons à expliquer l'absence.

SECTION III. — *Des mines et des carrières, au point de vue du droit privé chez les Romains.*

8. Les mines sont un bien immobilier, et, en cette qualité, comme les autres immeubles, elles appartiennent au droit privé, par rapport aux différents droits que les personnes peuvent avoir sur elles. Mais la manière dont elles se comportent dans le droit privé, ne devra attirer notre attention que si elle leur est propre; que si des règles particulières leur ont été imposées par le législateur. En résumé, si elles sont susceptibles de donner naissance au droit de propriété ou aux modifications de ce droit; si ces différents droits, lorsqu'ils ont à s'exercer sur des carrières ou des mines, ne diffèrent en rien de ceux qui ont pour objet des champs ou des vignobles, la législation, qui les embrasse dans sa commune prévoyance, est en dehors du sujet de ce travail.

Notre première proposition ne souffre pas la discussion ; soit dans le droit romain, soit dans le droit français, enfin, dans toutes les législations les mines sont susceptibles de propriété privée.

En est-il de même de notre seconde thèse? Lorsque nous arriverons à l'étude de la loi française, nous reconnaîtrons aisément, en rencontrant des dispositions particulières aux mines, qu'elles ont un caractère qui leur est propre. Cette distinction existe-t-elle dans la loi romaine? nous ne le pensons pas ; c'est ce que nous allons essayer de démontrer par l'étude de quelques textes.

9. Le droit romain n'a aucun texte où soient énumérées, d'une manière complète, les choses qui sont susceptibles d'être la propriété d'un particulier : malgré cette lacune, il n'est pas difficile de montrer que les mines peuvent être la propriété d'un particulier. Nous trouvons même au Digeste un texte qui le dit en termes positifs (1) ; mais, à défaut de ce fragment, on ne devrait pas moins décider, sans hésiter, que les particuliers peuvent avoir des mines dans leur patrimoine ; en effet, puisqu'une femme peut donner en dot à son mari un fonds où il se trouve une mine ou une carrière (2), ne doit-on pas en conclure : 1° que pour donner une mine ou une carrière en dot à son mari, il faut que la femme en ait la propriété ; 2° qu'il faut que le mari puisse en acquérir la propriété. Nous pourrions renouveler ce raisonnement à propos de l'usufruit, mais il est inutile d'insister davantage sur un point qui ne peut pas être contesté.

10. De même que l'on peut avoir, sur les mines, un droit de propriété, de même on peut avoir sur elles, l'un des droits qui en sont les démembrements, un droit d'usufruit, par exemple. Nous avons ici deux textes d'Ulpien qui tranchent implicitement la première question, puisqu'ils nous font connaître le droit de l'usufruitier sur les mines (3), et nous amènent en outre à cette conclusion évidente, que toutes les

---

(1) ff l. iii, in fine, l. iv, l, v, p. De rebus eorum.
(2) ff l. xviii, De fundo dotali.
(3) ff l. ix, §§ 2, 3, loi xiii, §§ 5, 6 de usufructu et quemad·modum.

règles de l'usufruit en général sont applicables aux mines. En effet, que nous dit Ulpien à la loi 9, § 2 et § 3 (*De usufructu et quemad.*) *Sed si lapidicinas habeat, et lapidem cœdere velit, vel cretifodinas habeat, vel arenas omnibus his usurum Sabinus ait, quasi bonum patrem familias, quam sententiam puto veram.* C'est-à-dire que le produit des carrières et des mines est un fruit dont il est permis à l'usufruitier de profiter selon les règles ordinaires.

La question soulevée dans le § suivant est plus délicate, et nous verrons plus tard qu'elle n'a pas reçu la même solution dans la loi française, nous nous emparons précisément de cette différence, pour dire que c'est le législateur romain qui a laissé les mines sous l'empire de la loi commune (1), § 3 (*ead. leg.*). *Sed si hæc metalla post usumfructum legatum sint inventa cum totius agri relinquatur ususfructus, non partium, contineantur legato.* L'usufruitier profitera des mines ouvertes sur son terrain comme des alluvions, comme des accroissements. Nous tirerons les mêmes conséquences de la loi 13 (*eod tit.*), § 5 et 6, où Ulpien répond à cette question : L'usufruitier peut-il ouvrir des mines ou des carrières sur le fonds soumis à l'usufruit? Sans doute, car au point de vue

(1) En effet, du moment que le législateur avait reconnu aux produits des carrières le caractère de fruits, il était conséquent avec lui-même, en en attribuant dans tous les cas le produit à l'usufruitier; mais il ne nous est pas démontré que les jurisconsultes n'aient pas admis cette opinion par suite de l'erreur où ils étaient que les carrières pouvaient se renouveler.

romain, ce n'est pas une propriété nouvelle, mais un nouveau mode de jouissance, permis à l'usufruitier, 1° s'il est avantageux; 2° s'il ne doit pas occasionner une dépense que le nu-propriétaire serait incapable de supporter plus tard. Or, ces décisions sont applicables aux autres changements de jouissance; par exemple, aux changements de bois en vignobles, ou de vignobles en terres labourables; on peut même remarquer que l'usufruitier est dans ce cas traité très-favorablement, car souvent des changements de jouissance, qui lui seraient très-avantageux, lui sont interdits (1).

A l'égard du pupille, les mines sont considérées comme les autres immeubles, et elles ne peuvent être aliénées qu'avec les mêmes formalités. Mais le tuteur, qui administre la fortune du pupille, pourrait ouvrir des mines ou des carrières sur les terres du pupille, même avec l'argent du pupille (2).

11. Au temps des anciens jurisconsultes, le mari avait, sur les biens que la femme lui apportait en dot, un droit de propriété qui s'exerçait de la même manière sur les mines et sur les autres biens. La loi 18, ff (*De fundo dotali*), ne laisse aucun doute à cet égard; il est question, dans cette loi, de carrières de pierre ou de marbre, qui sont toujours assimilées aux mines dans la loi romaine (*Voy. L. 9, § 2 et § 3, ff De usufructu et quemad. Conf. L. 1 et L. 2 C. De metallis*).

_____

(1) ff l. xiii, § 8, de usufructu et quemad.
(2) ff l. iii, in fine, l. iv, l. v, p. de rebus eorum.

2.

On suppose un mari qui a fait ouvrir une carrière et tailler du marbre sur le fonds dotal. A qui appartient la pierre? Au mari. Javolenus, qui rapporte et adopte l'opinion de Labeo, le décide ainsi. Telle semble être aussi l'opinion d'Ulpien dans la loi 7, § 13 (*soluto matri.*). Mais Pothier croit à une interpollation, et au lieu de lire ....*est mariti, et empensa non est ei præstanda*, il lit, d'après une correction d'Antoine Dufour, ...*non est mariti, et impensa est ei præstanda*. Cette décision ne serait, du reste, en contradiction avec celle de Javolenus qu'en apparence; il s'agirait, dans le premier texte, du marbre extrait de carrières où il renaît (*V. infine du § 13, L. 7, eod. tit*). Cette version, si elle était adoptée, tendrait à faire une distinction entre les carrières dont les produits, se renouvelant, devraient être considérés comme des fruits, tandis que dans les autres, les produits seraient considérés comme le fonds lui-même. Cette distinction ne change rien à nos principes.

Une seconde question est traitée dans la loi 18 (*De fundo dotali*). L'ouverture des carrières est-elle une dépense utile, et les dépenses utiles doivent-elles être remboursées par la femme au mari? Lorsque la carrière doit se reproduire (1), son ouverture est considérée comme une dépense utile (*V. les textes cités plus haut*), c'est-à-dire si les produits ont le caractère de

---

(1) Les progrès faits par la science minéralogique ont démontré que le fait du renouvellement des carrières était une grossière erreur inventée par les Romains (*V.* Blavier, préface de la jurisprudence des mines).

périodicité qui est le propre des fruits. Ceci est simplement une application des principes généraux. Si les mines ou carrières étaient ouvertes avant la constitution de la dot, on appliquera les mêmes règles que pour l'usufruit. Les produits seront considérés comme des fruits, à moins d'une réserve spéciale de la femme (*V.* loi. 8 et loi 7, § 14. *Soluto matrimonio*).

12. Parmi les démembrements de la propriété, à coup sûr, l'un des plus importants est le droit de gage et d'hypothèque. Nous n'avons trouvé aucun texte qui autorisât à hypothéquer les mines; mais cette faculté ne nous a pas paru douteuse (*V.* loi 9 *De pignoribus et hypo.*, *adde*; loi 1, |C., *De pignoribus*). La seule question délicate qu'on puisse soulever, est celle de savoir si, lorsqu'une mine a été creusée ou une carrière ouverte, après que le fonds a été engagé, elle est soumise à l'hypothèque; nous croyons trouver une solution implicite mais certaine de cette question dans la loi 16 P. (*De pignoribus et hyp.* ff.) *Si fundus hypothecæ datus sit; deinde alluvione major factus est, totus obligatur.* Cette solution rapprochée de celles que nous avons déjà données en nous occupant de l'usufruit, nous semble suffisamment éclairer la question; on peut aussi ajouter la loi 7 (*In quibus causis*).

Une dernière question importante serait celle-ci. Les mines sont-elles susceptibles d'une hypothèque tacite? par exemple, si des avances avaient été faites pour l'établir (*V.* loi 1, *In quibus causis*). Mais bien qu'il y ait eu quelques doutes sur le sens du mot *insula,* la fin de la loi où l'on rencontre d'une manière formelle l'idée d'édifices, *ædificiis exstruendis,* ne nous permet pas d'admettre cette idée.

Nous avons envisagé les mines au point de vue des différents droits que les particuliers pouvaient avoir sur elles, et nous sommes arrivé à cette conséquence que nous avions annoncée en commençant, qu'elles étaient assujetties aux mêmes règles que les autres immeubles. Nous rencontrons maintenant dans notre recherche historique une vaste lacune; rien ne peut nous éclairer sur la législation, soit administrative, soit civile, qui a régi les mines au moyen âge, et nous passons sans transition du iv⁰ siècle au xv⁰.

CHAPITRE II.

Législation des mines sous les édits royaux.

—◦—

SECTION I. —*Edits des rois de la troisième race jusqu'à Louis XI.*

13. Après la chute de l'empire romain, la jurisprudence, cet objet d'études perpétuelles chez les Romains, tomba dans l'obscurité; à peine quelques manuscrits échappés aux invasions barbares furent-ils conservés dans les couvents, mais sur ces débris s'établit une législation nouvelle. A mesure que la civilisation ancienne gagna les peuplades barbares, elles empruntèrent au droit romain ses principes, les mélangèrent avec leurs coutumes; c'est de là que sortirent les législations modernes; nous ne retrouvons pas cette transition dans la législation des mines, et bien des siècles s'écoulent sans que nous rencontrions sur notre route aucun monument législatif, qui leur soit applicable. Ce n'est que sous la troisième race de nos rois que nous trouvons des lettres patentes du roi qui reproduisent les principes romains, objet de nos études précédentes. Mais nous

ne pouvons préciser l'instant où ils pénétrèrent dans nos lois. L'impôt du x° (1) fait la base de ces ordonnances qui se reproduisent désormais à court intervalle sous les successeurs de Charles VI (2).

14. Avant d'aller plus loin et d'entrer dans le détail des ordonnances, il importe de se bien fixer sur la nature et l'origine de cet impôt du x°. Nous vient-il du droit romain? Est-il perçu à titre d'impôt, ou bien est-il le résultat d'un droit de propriété? Selon nous, et cela n'est d'ailleurs contesté par personne, il remonte au droit romain; s'il faut l'établir sur un texte, nous l'emprunterons aux plus anciens monuments de la monarchie française, à la charte de concession de l'abbaye de Saint-Denis (3). *Plumbum quod ei ex metallo* CENSITUM *in secundo semper anno solvebatur, libras octo mille ad cooperandam ecclesiam.*

Quand nous n'aurions pas ce texte, il nous semble qu'il ne faudrait pas hésiter à reconnaître dans cet impôt du dixième l'impôt romain; cette quotité identique en est une preuve évidente, car la domination barbare, en se substituant à l'administration impériale, eut soin de conserver les impôts que cette dernière avait créés. Dans le droit romain, le caractère de cette redevance était *vectigal*, l'impôt, analogue au tribut qui était perçu sur les terres. Le trésor impérial était beaucoup trop avide pour se

(1) *V.* C. de metallis const. 1, et suiv.
(2) On cite pourtant quelquefois une ordonnance de Philippe-le-Long, 1321, qu'on prétend relative aux mines.
(3) *V.* Duchesne, Dagoberti vita, t. 1, ch. 41.

contenter d'un dixième sur le revenu des mines, si la propriété lui en eût été concédée par le droit public. Du reste les textes donnent partout un éclatant démenti à cette prétendue propriété. En effet, dit Ulpien, les mines sont *pars fundi* (1) ; les mines sont susceptibles de propriété privée, dit Paul (2) ; ou bien encore les empereurs, dans leurs constitutions, supposent des exploitations faites par des particuliers (3). Sans doute il était des mines qui appartenaient à l'empereur ; mais tout leur revenu lui était alors attribué et l'exploitation était faite à ses frais par les criminels d'État. Ce n'est pas dans la législation romaine où les principes, surtout en matière de propriété, sont si exacts, si précis, qu'il faut espérer rencontrer une pareille anomalie. En tout cas, si elle a existé, ce n'est que sous l'empire, et elle doit être révélée par quelque acte extérieur, par une constitution ; d'où vient que nous n'en retrouvons aucune trace? Si une semblable constitution eût existé, comment n'eût-elle pas trouvé placé au Code théodosien ou au Code de Justinien? Il nous semble que la loi consacrant une pareille usurpation eût été assez considérable pour mériter d'être relatée. En dernier lieu, dans les textes du droit public, où il est question de l'impôt sur les mines, on le voit toujours rapproché d'autres impôts qu'il est impossible de supposer basés sur le droit de propriété.

(1) *V.* ff. De usuf. et quem., l. IX et l. XIII, § 5 et 6.
(2) ff. De rebus eorum, l. IV.
(3) C. de Metallis.

Dans ces préliminaires un peu longs, mais indis-
pensables, nous avons démontré deux choses : 1° que l'impôt perçu dans les lois de l'ancienne monarchie avait une origine toute romaine; 2°. que cet impôt, en droit romain, n'avait pas pour base un droit de propriété du trésor impérial sur les mines.

15. Tous les jurisconsultes acceptent l'origine romaine, mais quelques-uns arrivent à déclarer en faveur du roi un droit de propriété sur les mines. Voyons comment on peut établir cette opinion? 1° On dit : la dîme que touche le roi sur les mines est perçue à titre de souveraineté, souveraineté, pro-priété c'est tout un; 2° la loi allemande (1) attribue la propriété des mines au souverain, il en est de même en France; 3° les mines ont de l'analogie avec les trésors, et les trésors appartiennent au roi.

Cette opinion insoutenable est peu répandue; et peut-être même aurions-nous négligé de la réfuter, si elle n'était pour ainsi dire le point extrême d'une seconde opinion que nous croyons également fausse, mais qui pourtant a rallié presque tous les anciens jurisconsultes. Nous disons donc que des trois argu-ments, donnés en faveur de cette première opinion, il n'en est qu'un qui soit spécieux, c'est le premier, mais il n'est que spécieux, car il repose uniquement sur une confusion des mots souveraineté et propriété, or, rien n'est à nos yeux plus facile à séparer que ces deux idées. Non, un droit de souveraineté n'est

(1) *V. Miroir de Saxe.*

pas un droit de propriété. Les droits de souveraineté ont pris naissance dans la substitution de l'autorité royale des Francs à l'autorité impériale, remplaçant les empereurs au pouvoir, les rois les remplacèrent dans le droit de percevoir les impôts nécessaires à la bonne administration de l'Etat, voilà ce que c'est qu'un droit de souveraineté, pouvons-nous rien voir là-dedans qui implique l'idée de propriété.

Le second argument est encore plus faible, s'il est possible, car pourquoi s'étonner qu'en Allemagne (1) les mines appartiennent au roi comme le porte le *Miroir de Saxe*, puisqu'il y a des textes, constitutions impériales et royales de la fin du xiii° siècle qui en attribuent la propriété au souverain (2), mais de ce que ces mesures législatives ont été prises en Allemagne, en résulte-t-il qu'elles aient passé en France ; avant de l'admettre nous voudrions tout au moins qu'on nous fît connaître le texte sur lequel on s'appuie pour soutenir cette prétention. Quant à considérer

(1) *V.* Landerecht, l. ii, art. 33 et lib. ii, différ. jur. civ. et sax. cap. 144, cout. de Hongrie.—La bulle dorée de 1356, tit. de Auri argenti, cap. i. Chromerus, Histoire de Pologne, liv. xvi, ordonnance de Lescow-le-Noir, donnant la dîme sur les mines à l'évêque de Cracovie.

(2) Et encore comme le Miroir de saxe n'est qu'un coutumier, et partant l'œuvre d'un jurisconsulte, qu'il n'a pas par lui-même force de loi, il donne là une opinion particulière qu'il faut rejeter comme contraire aux principes. En effet les constitutions citées à l'appui de cette décision par Choppin, *Traité du domaine*, l. vi, tit. 2, ne nous paraissent que peu satisfaisantes, et il y a aux textes de Feudis une constitution de l'empereur Frédéric, *quæ sint regalia*, qui énumère avec détail toutes les choses qui appartiennent à l'empereur et qui ne parle nullement des mines.

les mines comme des trésors, il nous semble que c'est fouler aux pieds toutes les règles du droit et du bon sens, et d'ailleurs si on considérait les mines comme des trésors, il faudrait au moins attribuer la moitié de la propriété au propriétaire du fonds; on voit que cet argument n'est pas plus fort que les deux autres (1). Enfin comme dernier moyen nous renvoyons nos adversaires à la première ordonnance de nos rois sur les mines et nous demandons qu'on nous explique les expressions qu'emploie le roi en parlant de ceux qui exploitent les mines. — *Propriétaire du tréfonds* (2).

16. Ces motifs sont tellement évidents, ces objections sont si palpables qu'elles empêcheront la plupart des jurisconsultes d'adopter cette opinion; mais au lieu de rentrer dans la vérité, au lieu de reconnaître que cette dîme n'était qu'un impôt, ayant le caractère des autres impôts, les jurisconsultes prétendirent appliquer les principes que nous venons de défendre, à toutes les mines, sauf aux mines d'or; d'où vient cette différence? et pourquoi la plupart des jurisconsultes ont-ils adopté cette seconde opinion qui n'est à nos yeux qu'une nouvelle erreur.

Il faut l'avouer, c'est d'un défaut de réflexion, qu'est venu ce système; si on avait cherché à l'ap-

____

(1) *V.* les Olim arrêt de 1295, qui attribuent le trésor au seigneur et non au roi. *V.* aussi, Arrests du parlement de St-Martin en 1261.

(2) *V.* lettres patentes de Charles VI, 30 mai 1413.

profondir, il se serait écroulé encore plus facilement
que le premier dont il n'était qu'une répétition
incomplète et amoindrie. Exposons d'abord les
arguments que l'on invoque pour soutenir cette
opinion : 1° un texte des Établissements de saint
Louis qui porte : « *fortune d'or trouvée en terre
appartient au roi ; fortune d'argent au baron ;* » (1)
2° ce texte exactement reproduit dans l'art. 61 *de
la coutume d'Anjou* et dans l'art. 70 *de la coutume
du Maine* (2) ; 3° les lettres patentes de Charles VI
qui reconnaissent d'une manière formelle la propriété
des mines aux propriétaires du sol, et ne parlent pas
nommément des mines d'or ; nous ne disons rien ici
et de ce qui a été exposé sur le trésor et sur la
législation de l'Allemagne (3). Voilà en quelques mots
tout le système de nos adversaires (4).

D'abord ce texte des Établissements de saint Louis

(1) Pour discuter la question, nous sommes obligé d'admettre,
que par les mots fortune, d'or et d'argent, le texte entend parler
des mines, c'est l'interprétation qu'en donnent tous les jurisconsultes, ne pourrait-on pas dire que le mot *fortuna* (fortune) n'a
jamais voulu dire mine, mais bien plutôt trésor ; ce qui rendrait
ces textes complétement étrangers à la question dont nous nous
occupons ici.

(2) *V.* également ce texte à la somme rurale de Bouteiller, titre du
droit ou ber.

(3) *V.* dans l'opinion du texte, Loysel instit. coutumières ; Choppin, sur la coutume d'Anjou, et dans le traité du domaine public
Denizart, verbo mines.

(4) On nous permettra de ne rien dire des arguments tirés de
l'historien Diodore qui prétendait que le roi d'Egypte s'attribuait
la propriété des mines d'or. Un pareil fait ne nous paraît pas susceptible de faire avancer beaucoup la discussion.

ne prouve rien en leur faveur, ils l'ont mal compris, voilà tout. En effet, a-t-on oublié que lorsque les établissements de saint Louis furent publiés, c'était au plus fort des querelles du roi avec la féodalité, alors que les barons exerçaient la plupart des droits régaliens qu'ils avaient arrachés à la faiblesse des rois (1), et que ceux-ci cherchaient à reconquérir. Et parmi les droits régaliens, ne fallait-il pas compter le droit du dixième sur les mines qui remontait à l'empire romain où là, comme nous l'avons prouvé, il n'avait pas son origine dans une idée de propriété, or c'est bien de ce droit qu'il s'agit. Par une concession forcée, le roi a abandonné à ses barons le droit sur les mines d'argent, mais il s'est réservé le droit sur les mines d'or. Tel est pour nous le sens unique du texte des Établissements de saint Louis. Et, en effet, si l'on s'appuie sur ce texte pour dire que le roi est propriétaire des mines d'or, on nous permettra bien d'en tirer à notre tour cette conséquence, que les barons sont propriétaires des mines d'argent; les expressions sont les mêmes, comment éviter cette conclusion. S'il en est ainsi, les rois qui peu à peu ont reconquis sur leurs barons tous les droits régaliens qu'ils leur avaient abandonnés, ont dû ressaisir aussi ce droit de propriété sur les mines d'argent. Donc, quand ils ont eu anéanti la féodalité, ils se sont trouvés propriétaires de toutes les mines. Que deviennent alors ces lettres

(1) *V.* Chromerus, *Histoire de Pologne*, liv. xvi. Lescow-le-Noir, cède la dîme sur les mines à l'évêque de Cracovie, 1286.

patentes de Charles VI qui bornent toutes les prétentions du roi à la dîme que deviennent donc ces
mots déjà cités des lettres patentes, *les propriétaires
du tréfonds?* Quelle série de contradictions!! et pourquoi tout cela? Pour un texte mal compris; mais il
ne s'agit ici que d'un droit de souveraineté tout à
fait étranger à l'idée de propriété, comme l'indiquent
parfaitement d'ailleurs les lettres patentes de Charles VI. Ce qui est au roi, c'est la dîme sur les mines
d'or; ce qui est aux barons, c'est la dîme sur les mines d'argent; ce qui est en litige, ce qui est en partage entre le corps féodal et la monarchie, c'est, nous
le répétons, un droit de souveraineté et non un droit
de propriété. Voilà ce que ne comprirent pas nos
anciens jurisconsultes.

Quant à la coutume d'Anjou et à la coutume du
Maine, les deux articles copiés textuellement sur les
Établissements de saint Louis doivent recevoir la
même solution, et nous ne pourrions que répéter, si
besoin était, tout ce que nous venons de dire sur les
Établissements.

Le troisième argument qu'on nous oppose n'est
guère plus solide que les précédents; en effet, nous
pourrions nous contenter de renvoyer simplement
nos adversaires au texte des lettres patentes, de leur
faire remarquer qu'il porte *cuivre, argent, plomb* ET
AUTRES MÉTAUX (1), et c'est ce que nous ferions assurément si nous n'avions pas une réponse meilleure.

(1) *V.* les lettres patentes, 30 mai 1413.

Rappelons, en effet, que ces lettres patentes ont précisément pour but principal d'interdire aux seigneurs
de prélever toute espèce de droits sur les mines, par-
ceque cette dîme appartient à la couronne comme
droit de souveraineté. Pourquoi aurait-il été question dans ces lettres des mines d'or, n'était-il pas hors
de conteste que les seigneurs n'avaient aucun droit
sur elles. Les Établissements de saint Louis en font
foi, *fortune d'or au roi, fortune d'argent aux barons* ; on leur enlève ce qu'ils ont, et on ne s'occupe point de ce qu'ils n'ont pas ou n'ont plus. Nous
en convenons donc avec nos adversaires, les lettres
patentes de Charles VI ne sont pas applicables aux
mines d'or parce qu'elles ont pour objet d'assurer
définitivement à la couronne la dîme sur les mines
l'argent. Voilà ce qui a encore échappé aux jurisconsultes.

Nous avons démontré qu'en législation ces opi-
nions étaient fausses et erronées, mais qu'elles
n'aient pas triomphé en fait, que les rois rencontrant
dans l'erreur des jurisconsultes un utile auxiliaire
pour s'emparer des mines d'or, n'en n'aient point
profité, c'est ce qu'il nous semble difficile d'éclaircir,
surtout lorsque l'on voit la manière dont les jurisconsultes anciens affirment pour la plupart la propriété
du roi. Loysel, par exemple, donne cela dans ses ins-
tituts comme un point qui ne saurait être contesté,
Choppin sur la coutume d'Anjou, les recueils de jurisprudence ne croient pas que cela puisse faire l'objet d'un doute. Cependant, avant d'accepter une sem-

blable idée, nous voudrions qu'on nous démontrât, soit par un texte, soit par une coutume, que le roi percevait sur les mines d'or une autre droit que celui du dixième (1), et c'est ce que nous n'avons trouvé nulle part. Ajoutons, pour terminer que telle, ne semble pas être l'opinion de Domat qui donne sur le droit du roi sur les mines cette définition si juste qu'on va lire : « *On peut mettre au nombre des fonds que les particuliers ne peuvent posséder de plein droit, ceux où se trouvent des mines d'or, d'argent ou d'autres métaux sur lesquelles le prince a son droit* (2). » Coquille, sur la coutume du Nivernais (3), ne parle pas des mines d'or, mais il attribue les mines d'argent aux seigneurs. Ce n'est pas là une nouvelle opinion, mais la confirmation du système établi par la coutume d'Anjou et la coutume du Maine que nous avons rejetée.

17. Avant d'examiner quel était, sous nos rois, le régime administratif des mines, nous devions préalablement poser les principes de la propriété en semblable matière ; maintenant que nous avons éclairé autant qu'il était en nous cette importante question, nous rentrons dans notre sujet proprement dit. L'histoire du régime administratif des mines sous la mo-

---

(1) *V.* l'ordonnance de Montils-les-Tours, qui met absolument sur le même plan les mines d'or et les autres, et consacre la propriété privée sur elle.

(2) *V.* aussi Domat, l. civ. D. public, l. VI, tit. 3, sect. 2, § 19.

(3) Coquille, art. 1, 2, Coutumes du Nivernais au titre des droits de justice.

narchie peut se diviser en quatre époques bien distinctes : 1° liberté complète d'exploitation accordée à
chaque particulier; 2° monopole de l'exploitation des
mines donné à un particulier ; 3° retour aux principes
du droit du superficiaire à l'exploitation des mines
moyennant l'obtention d'une concession ; 4° monopole en faveur d'une compagnie.

18. La première époque dont nous avons à
nous occuper dans la fin de cette section, et la suivante, commence à Charles VI et dure jusqu'à
Henri II. Tout propriétaire de la surface est maître
du tréfonds, voilà le principe qui domine la législation de cette époque. Liberté entière d'ouvrir des
mines sur sa terre, sauf le droit pour le roi de percevoir le dixième des métaux; mais pour prix de cet
impôt le roi accorde une protection bien nécessaire
aux propriétaires de mines, il s'engage à les dispenser
de payer tout droit aux seigneurs; nous n'avons pas
oublié, en effet, que ce droit du dixième leur a appartenu à titre de droit régalien; il est donc facile
de comprendre que le roi, pour consacrer sa con-
quête, promette aide et protection à tous ceux qui
ouvriront des mines.

Tel est déjà, dès cette époque, le caractère d'utilité
qui s'attache aux mines, que le roi (1) comprend
qu'il faut, par des priviléges et des garanties spéciales, en encourager l'exploitation; c'est à cet ordre
d'idées qu'appartiennent toutes les dispositions qui

(1) *V.* Lettres patentes du roi, 30 mai 1413.

dispensent les ouvriers mineurs, ferronniers, et les marchands de fer, de tout autre impôt que l'impôt du dixième, et les exemptent notamment des tailles et de la gabelle. Cette immunité est étendue à leurs enfants et à leur famille, qu'ils soient Français ou étrangers. Dès l'an 1405 (1), ces priviléges avaient été accordés aux ferronniers de Normandie. Plus tard, ils furent confirmés par Charles VII (2) et Louis XI (3) qui les augmentèrent, même jusqu'au jour où ce dernier roi, par sa grande ordonnance, vint régulariser, et étendre à toute la France, la législation dont nous venons de donner une idée.

SECTION II. — *Edit de Louis XI et de ses successeurs jusqu'à Henri II.*

19. Les lettres patentes sur les mines émanant de Louis XI ont ouvert une voie toute nouvelle à la législation sur cette matière. Quel était l'esprit général de cette ordonnance? c'est ce dont il importe de nous bien pénétrer avant d'en examiner les détails, afin de bien nous rendre compte de son influence sur notre législation actuelle. On ne peut se refuser à voir dans ce monument une reconnaissance constante de la propriété privée, mais déjà diminuée, rétrécie, déjà menacée dans son existence par l'accroissement

(1) Lettres patentes du roi, novembre 1405.
(2) Lettres pat. de Charles VII, mai 1455.
(3) Louis XI, décembre 1467.

de l'importance des mines au point de vue de l'intérêt général; car, l'immense avantage que doit retirer
un peuple de « *ses richesses souterraines*, » comme le
dit un savant économiste, n'avait pas échappé à la
politique si fine, si perspicace de Louis XI.

Ces deux idées, propriété privée et intérêt général,
sont évidemment les deux caractères dominants de
l'ordonnance de Montils-les-Tours. Mais, quelle est
celle qui l'emporte? quelle est celle qui se trouve au
premier plan dans la pensée du roi? C'est ce qu'il est
nécessaire de déterminer, si nous voulons, et tel est
notre but, suivre pas à pas la législation des mines,
pour commenter la loi de 1810, et remonter avec
certitude aux principes qui lui servent de base.

20. Nous déciderons quant à nous sans hésitation
que l'idée prédominante dans l'ordonnance de Montils-les-Tours, est celle de propriété privée. Les premières dispositions que l'on rencontre à cet égard en
sont une preuve évidente. Ordre est donné à tous
propriétaires de faire déclaration dans les quarante
jours, des mines qui peuvent exister sur leurs terres.
Quel est le but de cet ordre? l'ordonnance nous le
dit elle-même : *Voir au surplus comme les dicts*
maistres se pourront mieux conduire à notre profict et
pour le bien d'iceux (1). Disposition qui doit être
complétée par la suivante : *Si ainsi est que d'eux-*
mêmes ils veuillent entreprendre la conduite de beso-
gner les dites mines (2). A défaut de déclaration la

(1) I. ord. de Montils-les-Tours, § 4.
(2) Eod. loc. § 5.

mine ne sera point encore concédée à un étranger, il est une personne qui peut avoir sur elle, sinon un droit de propriété, du moins un droit qui n'est pas sans analogie avec lui; nous voulons parler du droit du seigneur féodal; si le propriétaire ne peut ou ne veut exploiter la mine, il est accordé au seigneur un délai de trois mois pour qu'il puisse, s'il le juge avantageux, se faire *subroger* aux droits de son vassal (1).

Il nous paraît résulter de ces dispositions, que le principe de la propriété privée a été sauvegardé; cependant, il ne faudrait pas non plus s'exagérer leur importance. En effet, à défaut de déclaration dans les quarante jours, à défaut de subrogation du seigneur au vassal s'il y avait lieu, à défaut enfin, d'exploitation dans les trois mois, que deviennent les mines? C'est alors que nous trouvons l'application de notre second principe, d'où avec le développement que le temps donne aux institutions, sortira l'idée d'une propriété nouvelle. Si la mine n'est pas déclarée dans les quarante jours ou exploitée dans les trois mois, le propriétaire est privé, par un temps plus ou moins long, de la jouissance de sa mine; il est vrai qu'on pourrait, à la rigueur, soutenir que ce sont-là des dispositions toutes pénales, des confiscations motivées sur une infraction à la loi de l'État; mais il n'en est pas de même de la disposition du § 6 de la même ordonnance, qui prive de leurs mines ceux qui ne

(1) Ord. de Montils-les-Tours, § 7.

sont pas assez riches pour les exploiter, et qui or-
donne de les concéder, à *gens récéans et solvables,
mais saulve indemnité* (1).

21. Il est certain que les trois dispositions dont
nous venons de parler portent une triple atteinte au
principe de la propriété privée, mais la troisième,
particulièrement, le confirme en l'attaquant et re-
connait son existence en le violant. Elle consacre le
droit à une indemnité, et qu'on ne dise pas que cette
indemnité représente le prix de la surface, c'est bien
celui du sous-sol, car le texte porte : *Indemnité au seigneur tréfoncier*, et d'ailleurs, la base même de l'indemnité ne peut laisser aucun doute à ce sujet, car
elle sera réglée, non pas d'après la valeur enlevée à
la culture par l'exploitation de la mine, mais d'après la
valeur et les produits de la mine elle-même, parce
qu'elle a bien positivement pour objet d'indemniser
de la perte d'un droit sur le sous-sol.

Telle est la première et la plus importante partie
de cette célèbre ordonnance, résumons-la, avant d'examiner les autres dispositions qu'elle renferme ;
1° obligation pour tout particulier de déclarer les mines qui sont sur son terrain : 2° obligation de les mettre
en valeur dans les trois mois qui suivront la déclaration,
s'il est assez riche pour exploiter lui-même; 3° droit du
seigneur de se substituer au vassal, qui n'exploite pas,
4° droit du roi de disposer au profit de telle personne
qui lui conviendra des mines du royaume en dehors

(1) V. ord. de Montils-les-Tours, § 6.

des trois cas précédents. On ne peut se dissimuler, que toutes ces dispositions sont déjà fortement empreintes de cette idée, qui est le fond de notre législation actuelle que nul ne peut exploiter une mine sans avoir obtenu une concession de l'État. Car la déclaration est faite à des officiers du roi. Ce sont eux qui jugent si les facultés du propriétaire lui permettent d'exploiter la mine ; eux encore, qui veillent à ce que l'exploitation ait lieu dans les trois mois. Les officiers du roi sont encore chargés d'opérer la subrogation du seigneur au vassal, s'il y a lieu, car il ne peut exploiter qu'avec leur congé.

22. La seconde partie de cette ordonnance donne une plus grande extension à l'influence de l'État ; ses dispositions sont relatives au cas où les mines n'ont point encore été découvertes ; en principe, elles tombent dans le domaine de l'État qui a le droit de les concéder à qui il jugera convenable. On voit quelle part se réserve le roi représentant de l'intérêt général. Mais le principe de la propriété privée est-il sacrifié ? A s'en tenir au texte de l'ordonnance on devrait le décider, car il porte ces mots *sans faire indemnité,* (1) mais une autre version porte *saulve indemnité,* et d'ailleurs l'acte d'enregistrement de l'ordonnance au parlement, (2) qui réserve formellement une indemnité pour le propriétaire du fonds, ne laisse aucun doute sur l'exactitude de la deuxième version. De plus

(1) *V.* § 9, ord. de Montils-les-Tours, et la note qui est au bas dans la grande édition des ordonnances royales.
(2) *V.* arrêt d'enregistrement, art. 9.

ce texte ainsi rectifié est bien mieux en rapport avec la première partie de cette ordonnance qui n'admet jamais d'expropriation qu'à charge d'indemnité, et il s'agit précisément ici d'une expropriation ordonnée dans un cas à peu près analogue, et qui a lieu sous la surveillance des officiers du roi.

Ces dispositions même ainsi présentées porteraient une grave atteinte au principe de la propriété privée, atteinte qui paraît n'être pas dans l'esprit de l'ordonnance, aussi doit-elle être modifiée d'une manière sensible, non par une clause qui lui soit propre, mais par l'acte du parlement qui l'enregistre; car soit qu'il ait obéi aux inspirations du roi, soit que de sa propre autorité (1), il ait cru ne pas devoir donner force de loi à des dispositions aussi arbitraires; ce qu'il y a de certain, c'est que les recherches de mines, sont interdites sur tous les terrains autres *que Landes ou terres incultes*, et spécialement *sur les Champs mis en culture, et sur les enclos* attenant aux habitations (2). C'est là un éclatant témoignage rendu en faveur de la propriété privée, car si des recherches sont autorisées sur les fonds des particuliers, ce n'est qu'avec un double tempérament, qui rend vraiment très-conciliable cette faculté avec les principes de la propriété; le droit à une indemnité, et la restriction apportée à cette recherche sur toutes les terres

(1) *V.* Isambert, cote d'enregistrement de l'ordonnance de Montils-les-Tours.

(2) *V.* le § 10 de l'acte d'enregistrement de l'ordonnance de Montils-les-Tours.

cultivées, dont la valeur est surtout importante et la propriété précieuse pour les particuliers.

23. Ces dispositions si sages ne furent pas scrupuleusement respectées, et nous trouvons dès le règne de Louis XI, un acheminement rapide vers un autre système; dans un privilége d'exploitation (1), des mines de la vicomté de Consterans, accordé à des particuliers. Il est vrai qu'il y avait utilité publique. L'intérêt général exigeait la mise en valeur de ces mines; car si l'exploitation des mines, par sa cherté et par sa difficulté, est souvent impossible aux particuliers, c'est un point trop important pour l'État d'avoir sous sa main les métaux nécessaires à l'existence d'un grand peuple, pour qu'il laisse chacun juge de la question de savoir s'il doit ou s'il ne doit pas exploiter les mines qui se trouvent sur la terre dont il est propriétaire.

Cette ordonnance fut confirmée la même année par une déclaration de Charles VIII (2). Les autres dispositions de ces diverses lettres patentes sont relatives aux priviléges et franchises accordés aux forgerons et ouvriers mineurs; elles servent de développement à celles de Charles VI et Charles VII; s'appliquent, ainsi que les premières, aux Français et aux étrangers qu'elles dispensent des impôts, et particulièrement du droit d'aubaine (3). Ces priviléges étaient

(1) Ordonnances de Plessis-les-Tours, avril 1483.
(2) Ordonnance de Beaugency, novembre 1483.
(3) V. ordonnance de Plessis-les-Tours, 1483, in fine.

accordés à charge d'entretenir et d'armer, pour le service du roi, des francs archers ; ils furent confirmés par Charles VIII.

24. Nous avons déjà montré Louis XI concédant à un particulier l'exploitation des mines dans une partie du royaume, et la confirmation de cette ordonnance par son fils Charles VIII. Louis XII, à son tour, concéda également les mines d'une partie de son royaume à des particuliers ; il y a là, pour l'observateur, une marche évidente, une tendance vers une législation nouvelle. Parti du principe de la propriété privée sur les mines, le législateur qui n'a pas songé, tout d'abord, à la contester, arrive insensiblement à n'en tenir plus compte ; ainsi ce n'est plus sur une petite portion du territoire du royaume que Louis XII autorise les recherches (1), non-seulement il les permet, mais il les protége par des dispositions nécessaires, peut-être, mais tout à fait exorbitantes du droit commun ; par exemple, défense faite à toute personne d'ouvrir une mine dans un rayon fixé, si le concessionnaire a une exploitation dans ce lieu ; obligation de fournir « *voye, chemin, passage, bois, rivières* » et autres objets nécessaires à l'exploitation des mines et des forges (2). Remarquez maintenant qu'il n'est plus question dans cette ordonnance d'indem-

(1) Ordonnance de juillet 1514.

(2) Ces priviléges avaient déjà été accordés sous Charles VI, mais à quiconque voudrait exploiter une mine, et non à des particuliers, c'est la réserve de ces priviléges en faveur d'une seule personne, que nous voulions faire remarquer. *V.* ord. de 1403.

nité à donner aux propriétaires et seigneurs de la terre.

Déjà, dans l'ordonnance de Louis XI, de 1484, le droit de recherche n'avait point été restreint aux terres incultes, comme dans l'ordonnance de Montils-les-Tours, le concessionnaire avait reçu l'autorisation d'exercer son droit en tous lieux. Louis XII garde également le silence sur le lieu où pourront être pratiquées les fouilles ; il se tait aussi sur le droit du propriétaire. A quoi faut-il attribuer ce silence? Ce n'est pas que le propriétaire soit privé de toute indemnité, telle ne saurait être notre opinion ; en effet, en se reportant au texte même de la déclaration, on trouvera une explication à peu près satisfaisante de son silence à cet égard. Cette déclaration est octroyée à raison de mines déjà en exploitation, et partant les droits du propriétaire ont dû être réglés conformément aux anciennes ordonnances, avant la déclaration.

Un dernier fait digne de remarque, dans ces deux ordonnances de Louis XI et de Louis XII, c'est que cette concession est héréditaire, à moins qu'il n'y ait suspension de l'exploitation pendant une année. Il y a dans ce droit d'hérédité, dans cette faculté de transmettre, une idée de propriété nouvelle, mais d'une propriété toujours résoluble à la volonté du roi.

25. Ces ordonnances furent confirmées par François Ier, en 1515. Voilà la législation des mines pendant la première période des rois de France législateurs de cette matière. Pour la compléter, examinons à quelle juridiction furent soumis, pendant ce temps,

les exploitants et les ouvriers. Sous les Romains, l'impôt du dixième avait été perçu par un *comes metallorum* ou *procurator metallorum*. Cette institution s'était perdue dans le moyen âge et avait disparu avec les curiales dont elle relevait. Le roi ou les seigneurs maîtres de ce droit régalien, l'avaient fait percevoir par leurs officiers de justice. Sous le roi Charles VI, les mines relèvent du général des monnaies et les exploitants sont forcés de porter leurs produits aux monnaies qui leur sont désignées (1).

Louis XI enlève les mines d'une partie de son royaume à leur juridiction (Dauphiné, Lyonnais), et institue un grand maître des mines qui a de nombreux officiers sous sa dépendance; il est chargé de faire la recherche des mines, de recevoir les déclarations, de veiller à l'exploitation et à la mise en valeur des mines existantes, de les concéder *à gens rédéans et solvables*, de mettre aux enchères les mines trouvées sur les terres appartenant au roi; enfin, de percevoir le droit du 10°, mais à raison de la difficulté qu'il doit éprouver à remplir ses fonctions, des frais qu'il peut avoir à supporter, le roi renonce en sa faveur à percevoir le droit du dixième (2). Il est probable que sa juridiction fut étendue à tout le royaume. Quant aux contestations, elles furent jugées presque à toute époque par la Cour des comptes (3). Des priviléges nombreux, par la juridic-

(1) *V.* Charles VI, ordonnance de 1113.
(2) Ordonnance de Montils-les-Tours.
(3) On trouve des actes annonçant la création d'une juridiction

tion privée, furent accordés aux exploitants et aux
ouvriers (1).

SECTION III. — *Édits de Henri II et de ses successeurs jusqu'à
Louis XV.*

26. Nous sommes arrivé à la deuxième époque
de l'histoire de la législation des mines. Le progrès
d'une idée que nous avons indiquée dans la section
précédente aboutit à un changement radical et absolu dans les lois. Le principe de la propriété privée
disparaît, et les lettres patentes de Henri II ne présentent plus qu'un caractère, l'intérêt général, ou
plutôt l'intérêt particulier du souverain qui person-
nifie l'État. Sous ce nouveau régime, nul droit de
préférence pour le propriétaire superficiaire, ou
pour le seigneur féodal : de par l'autorité royale,
toutes les mines qui seront découvertes pendant neuf
ans dans le royaume de France, ou les possessions ul-
tramontaines, appartiendront au sieur de Roberval.
C'est tout au plus si on respecte les droits acquis.
On lui interdit d'exproprier les propriétaires des
mines qui auront obtenu, pour les exploiter, congé
du roi actuel ou de ses prédécesseurs, à condition que
le droit du dixième aura toujours été scrupuleuse-

spéciale, sauf pour le cas de larcin et meurtre, avec appel aux
généraux maîtres des monnaies, à charge d'appel au parlement,
mais avec une amende si l'appel était mal fondé. *V.* Blavier, préface
de la *Jurisprudence générale des mines.*
(1) *V.* ord de Charles VI.

ment acquitté. Le concessionnaire pourra s'emparer de toutes les autres mines; et quant à l'indemnité à payer, elle sera réglée seulement sur la *valeur de la dite terre et non des mines y étant* (1). Cette indemnité est assimilée à celle qui sera due aux proprié·taires voisins, au cas où le sieur de Roberval jugerait convenable pour l'exploitation de ses mines ou de ses forges d'ouvrir des chemins, voies, etc. (2), d'ailleurs ils seront traités comme les propriétaires des bois qui seront forcés de fournir le bois à prix ordinaire, et de laisser le sieur de Roberval choisir les arbres qui lui conviendront, étant en outre frappés de l'inter·diction de défricher dans le cas où les bois voisins seraient utiles aux forges. Voilà l'esprit général des lettres patentes de 1548, qui furent complétées par celles de 1552.

Ce résultat ne doit pas nous étonner. Les ordonnances de Louis XI et Louis XII avaient préparé cette voie nouvelle où entre Henri II; déjà ces souverains avaient établi des concessionnaires dont le droit s'étendait dans tout le royaume, mais sauf le droit du propriétaire à une indemnité; c'est ce dernier point qui disparaît. Il faut le reconnaître, la propriété des particuliers est complétement sacrifiée, et sous l'empire de ces règles nouvelles, les mines appartiennent à l'État.

27. Nous ne saurions trop répéter que l'intérêt

(1) Lettres patentes de 1548, septembre.
(2) V. loc. cit.

général est la base de cette législation. Les autres dispositions des lettres patentes ne peuvent nous laisser aucun doute à cet égard; la royauté essaie ce nouveau système par suite de l'insuffisance de la législation précédente. Malgré tout ce que Charles VI et Louis XI avaient tenté et accompli, pour appeler l'industrie privée à l'exploitation des mines, ils n'avaient pu atteindre le but proposé; les priviléges et immunités accordés aux exploitants n'avaient pu engager les capitaux, si rares à cette époque, à entrer dans les spéculations de cette nature; voilà la cause du nouveau système de Henri II, que nous cherchons à expliquer, sans l'approuver, car le sacrifice complet d'intérêts aussi sacrés que ceux des propriétaires, sans indemnité ni compensation pour ceux qui sont dépouillés, nous paraît toujours constituer un état de choses fâcheux, qu'aucun motif ne saurait justifier.

Henri II, afin d'engager son concessionnaire à rechercher et à exploiter les mines, ne restreignit pas les priviléges accordés par ses prédécesseurs, il les augmenta même dans une proportion considérable; ainsi il renonça pour cinq ans à son droit du 10ᵉ (1), plus tard, il est vrai, ce délai fut réduit à trois ans, mais il ne dut commencer à courir que du jour où les fontes de la *nouvelle myne* découverte auraient eu lieu, *non pour essay* mais à *plein fourneau* (2). A côté de la redevance du dixième, qui a de tout temps

(1) Lettres patentes de 1548.
(2) Lettres patentes de 1552.

appartenu au roi, il réserva un droit du quarantième en faveur des seigneurs justiciers.

On a peine à s'expliquer la nature de cette redevance, dont on ne trouve aucune trace dans les ordonnances de Charles VI et de Louis XI (1, 2). Ce n'est, à vrai dire, qu'une funeste concession faite par la royauté à la féodalité; la création d'un nouveau droit seigneurial, au moyen duquel les seigneurs renoncent à leurs prétentions sur le droit du dixième, prétentions dont Charles VI avait fait, du moins dans ses ordonnances sinon en fait, si bonne justice. C'est une espèce de transaction pour obtenir des seigneurs la tranquillité pour ceux qui exploitaient des mines. Le roi confirme les priviléges d'exemption d'impôt de toute nature (3); accorde aux ouvriers le droit de porter des armes; autorise à vendre les métaux, autres que l'or et l'argent en dehors du royaume; admet les étrangers en France, et leur accorde, par l'ordonnance même, des lettres de naturalité, avec faculté d'acquérir et de transmettre en France. Le droit d'association est reconnu. Enfin, le sieur de Roberval

(1) V. ordonnances de 1413 et de 1471.

(2) Blavier ne fait remonter ce droit du quarantième qu'à l'arrêt du conseil de 1604, v. p. 1. § 3o, il est certain qu'il y a là une erreur de sa part, car il est évident que ce droit du quarantième est le même que celui dont il s'agit dans notre ordonnance, il n'est même pas sûr qu'elle l'ait créé; selon Blavier ce droit aurait eu son origine en Allemagne, peut-être ne fut-il qu'une compensation accordée aux seigneurs qui laissaient faire des recherches sur leurs terres. V. Peyret l'Allier, *Législation des mines*, p. 21.

(3) V. ordonnance de 1552.

est institué justicier ; il videra par lui ou ses officiers les affaires qui surviendront entre ses ouvriers ou toute autre personne de sa dépendance, sauf appel, il pourra également prononcer des peines, sauf celle de mort ; à cet égard il hérite de la plus grande partie des attributions données par Louis XI au grand maître des mines (1).

28. Le système introduit par Henri II fut continué par ses premiers successeurs, déjà lui-même, en 1556, avait donné la survivance du sieur de Roberval (2) au sieur de Saint-Jullien, que M. de Roberval s'était adjoint comme associé, selon les priviléges des lettres patentes qui lui avaient été accordées en 1552. M. de Saint-Jullien reçut en même temps le titre de grand maître réformateur et surintendant des mines (3), mais les lettres qui octroyaient cette charge au sieur de Saint-Jullien avaient, par leur teneur, donné lieu à quelques réclamations. Les priviléges du sieur de Roberval étaient contestés à son successeur ; pour faire cesser cet état de choses le roi François II, dans de nouvelles lettres (4) jointes à une copie de celles données en 1552 au sieur de Roberval, ordonna que le sieur de Saint-Jullien jouirait des mêmes franchises que son prédécesseur, confirma la dispense du droit du dixième pendant quatre années, à partir de la fonte à pleins fourneaux, concédée par lettres de

(1) Ordonnance de Montils-les-Tours, 1471.
(2) Isambert, Robert du Val.
(3) Lettres patentes de 1556 et 1557.
(4) Lettres patentes de Fontainebleau, 1561.

Henri II, à charge par ledit grand maître de supporter et d'accomplir toutes les obligations imposées, tant par les lettres patentes de 1548 et 1552 que par celles de 1556 et 1557. La même année (1) et l'année suivante (2) ces lettres sont confirmées par Charles IX, et les lettres de 1562 établissent positivement que les droits du sieur de Saint-Jullien ont pour base son association avec le sieur de Roberval dont il prend la place. En 1563, nouvelle ordonnance du roi (3), pour proclamer qu'il a seul droit au dixième et interdire aux seigneurs d'y prétendre, donner ordre de remettre au grand maître toutes les mines qui ne paient pas l'impôt et n'ont pas un congé d'exploitation du roi ou de ses prédécesseurs.

Toutes ces ordonnances sont enregistrées sur le très-exprès commandement de Sa Majesté. Enfin, en 1568, le sieur de Saint-Jullien résigna ses fonctions en faveur d'un sieur Vidal, qui fut appelé par ordonnance de 1568 (4), à jouir de tous les priviléges de ses deux prédécesseurs. Cette ordonnance fut confirmée par Henri III (5). Voilà le rapide historique de cette époque de notre législation; on a pu se convaincre et par la résistance des parlements à les enregistrer, et par la fréquence même des ordonnances qui cherchaient à raffermir le nouveau système, qu'il

(1) Lettres patentes de Charles IX, Compiègne, juillet 1561.
(2) Lettres patentes de Charles IX, juin 1562.
(3) V. Rebuffe, dernières ordonnances sur le fait des mines.
(4) V. lettres patentes de Charles IX, 1568.
(5) V. lettres patentes d'Henri III, 1569.

avait rencontré une vive opposition, ce sacrifice complet de la propriété privée, ne pouvait être admis sans réclamations.

Les années qui suivent l'ordonnance de 1569, ne nous fournissent aucun document nouveau. Les guerres civiles, qui à cette époque désolèrent la France, détournèrent l'attention du législateur de ces points secondaires, des intérêts plus graves occupaient tous ses moments. Cependant, dès que la paix fut rétablie en France, et que sous un souverain sage l'industrie rentra dans la voie de la prospérité, le législateur jeta de nouveau les yeux sur les mines.

29. A mesure que nous avançons dans l'étude de la législation des mines, nous voyons tour à tour changer les principes qui lui servent de base. Le droit du propriétaire de la superficie sur le sous-sol après avoir été mis en première ligne par Charles VI et Louis XI, a successivement perdu de son importance sous Charles VIII et Louis XII, et puis il a disparu sous Henri II. Sous ce monarque, le droit du roi, de disposer à son gré de toutes les mines qui se trouveraient dans ses États, a dicté tous les actes relatifs à notre matière. A son tour, cette législation sacrifiant d'une manière si absolue les intérêts du propriétaire de la superficie, disparaît sous Henri IV pour laisser la place à un nouveau système, qui a pour base l'idée de concession dont nous avons montré l'origine dans l'ordonnance de Montils-les-

Tours (1); et qui, après avoir été alors placée en seconde ligne, devient à l'époque à laquelle nous sommes arrivé, le caractère essentiel, l'idée dominante de la réforme de 1601; le système qu'elle remplace n'avait tenu nul compte de la propriété privée; c'est à cet état de chose qu'elle doit porter remède, en tempérant par ce deuxième principe la rigueur du premier. Tel est, en deux mots, l'esprit général de l'édit de 1601 (2).

3o. Henri IV, dans la première partie de son édit, établit un corps spécial chargé de la surveillance des mines, de la perception de l'impôt, il crée un grand maître, un contrôleur général et de nombreux officiers, parmi lesquels un receveur général chargé de percevoir le droit du dixième. Le grand maître est chargé de délivrer des concessions, les attributions de ces divers officiers sont réglées avec soin, on prévoit les conflits qui pourraient surgir entre eux, et on décide notamment que tous les actes de concession devront être revêtus du sceau du grand maître; en tout autre cas il pourra être remplacé par le contrô-

(1) V. la section précédente.

(2) Il ne faut pas croire que pendant cette période, la législation soit restée uniforme, car chaque ordonnance devenait en quelque sorte une législation nouvelle partant de principes nouveaux, c'est le résultat de l'incertitude de la législation en pareille matière, ainsi on trouve en 1670 une concession de toutes les mines du royaume à M. de Montlozier, et, en 1692, à madame d'Uzès, sa fille, qui y renonça parce que on en excepta en 1695 les mines qui seraient ouvertes par les propriétaires sur leurs terres. V. Peyrey l'Allier, p. 25, t. 1.

leur général. Les droits de juridiction qui appartiennent à ces officiers, sont également définis dans cette
partie de l'ordonnance.

Ces dispositions nous indiquent par avance une
modification radicale dans la législation; elle n'apparaît que dans la deuxième partie de l'édit. Tout
particulier peut rechercher et ouvrir des mines partout
où il le jugera convenable, à charge d'obtenir préalablement l'autorisation du grand maître, qui n'est plus
désormais, comme sous Henri II, un concessionnaire
général, et qui ne peut plus exploiter à son profit,
mais qui peut seulement concéder les mines à qui il
jugera utile de le faire. Ce principe est tempéré par
un droit de préférence accordé au propriétaire superficiaire ; c'est à lui que la concession sera accordée s'il la demande et s'il est capable d'exploiter,
afin, dit l'édit (1), de prévenir toutes les discussions
qui pourraient survenir entre ceux qui ont recherché
les mines et les propriétaires seigneurs fonciers. En
dehors de ce cas, l'édit ne lui accorde aucune indemnité. On voit que ces dispositions, moins sévères
cependant que celles de l'ordonnance de 1548, sont
encore très-dures pour le propriétaire.

L'édit est complété par un arrêt du conseil de
1604 (2), qui règle quelques points secondaires qui

(1) V. édit de 1601, § 22.
(2) V. Isambert, anciennes lois françaises, t. c. 1604, not. 1,
les principales dispositions étaient la création d'un trentième spi-
rituel. 2. L'activité à donner aux travaux. V. Blavier, préface de
la *Jurisprudence générale.*

avaient été laissés dans l'obscurité (1). En 1663, deux nouveaux contrôleurs généraux sont créés ; ils complètent l'organisation administrative de la législation de cette époque, législation qui dura jusqu'en 1722. Pendant ce laps de cent années, on ne trouve que quelques arrêts du conseil relatifs à notre sujet ; l'un, de 1677, portant règlement pour la recherche des mines d'or et d'argent en Auvergne, un autre pour la recherche des mines de cuivre et de plomb dans le même pays, rendu le 2 juillet 1703, un troisième règle l'ouverture des mines dans le Vigan, juillet 1705, le dernier accorde un privilége au prince de Condé, pour l'exploitation des mines dans la baronnie de Châteaubriand, dans un rayon de deux lieues; mais une redevance est réservée au propriétaire de la terre, en vertu des principes de l'édit de 1601 ; il est du 11 février 1716. Tous ces arrêts ne présentent pas une grande importance (2), ils ne règlent que des intérêts privés, ils ne modifient pas l'esprit général de l'édit de 1601, qui reste jusqu'en 1722 la loi fondamentale du royaume.

(1) Le 16 août 1603 un édit dispense du droit du dixième appelé droit régalien. Le soufre, le salpêtre, le fer, l'ocre, la houille, l'ardoise, le plâtre et en général toute matière servant à la construction.

(2) Ils ne sont rapportés que par leurs titres dans la collection d'Isambert.

SECTION IV. — *Édits et arrêts du conseil sous Louis XV et Louis XVI jusqu'à la loi de 1791.*

31. L'ordonnance de 1722, qui remplace comme loi générale l'édit de 1601, est précédée d'une espèce de résumé des législations antérieures. Le législateur semble avoir besoin de légitimer, tant à ses yeux qu'à ceux des justiciables, la nécessité des mesures ordonnées par l'édit nouveau. Le roi s'appuie sur l'impuissance des systèmes précédents à créer une administration utile des mines du royaume, pour les renverser et établir une nouvelle législation. Examinons la nature des changements introduits. L'article premier de l'ordonnance est en quelque sorte une copie de l'ordonnance de 1548 (1); seulement, au lieu de donner le monopole à un concessionnaire général ayant le droit de se choisir des associés, le roi le donne à une compagnie, mais il en détache les priviléges de juridiction et le titre de grand maître des mines, donnés aux concessionnaires par Henri II. Les priviléges ainsi que le titre sont accordés au duc de Bourbon, investi de cette charge auparavant, suivant la teneur de l'édit de 1601 (2). Le grand maître conserve d'ailleurs le droit de concession pour l'avenir, sous la réserve de n'en accorder aucune dans un rayon de six lieues des mines exploi-

(1) *V.* p. h. sec. 3.
(2) *V.* ordonn. de 1722, art. 1.

tées par la compagnie, dont la concession doit avoir une durée de trente ans.

Quant aux avantages accordés à cette compagnie, ils ne sont pas moins considérables que ceux conférés par Henri II à son grand maître : 1° c'est la dispense complète et absolue du droit de souveraineté, du dixième, pendant tout le temps que doit durer la concession, et même la compagnie est autorisée à percevoir à son profit ce droit du dixième, sur toutes les mines à ouvrir ou déjà ouvertes, auxquelles le roi n'en aura pas fait remise ; 2° les cuivres que la compagnie extraira des Pyrénées, seront achetés par l'État qui s'en servira pour faire des monnaies, à certaines conditions de poids et de mesure dans la confection des *flaons*, dont est chargée la compagnie (1); 3° on pourra faire partie de cette compagnie sans déroger à la noblesse, et les services rendus dans cette branche d'industrie pourront même être une manière de l'acquérir ; 4° en dernier lieu, le roi s'engage à leur fournir une certaine quantité de poudre nécessaire pour l'exploitation des mines.

Telles sont en résumé les principales dispositions de cette ordonnance, baucoup moins étendue que les précédentes; son principe est le même que celui de l'ordonnance de 1548. L'intérêt général l'emporte sur l'intérêt particulier des propriétaires, sur le terrain desquels sont des gisements métalliques; mais la nouvelle législation n'en garde pas moins pour

(1) V. art. 4, 5, 6, 7, 8, 9, ord. de 1722.

base le système des concessions, qui étoit au premier plan dans l'édit de 1601, qu'elle est venue remplacer comme loi générale.

32. Cette ordonnance doit être complétée par un arrêt du conseil, du 19 mars 1783, d'autant plus important à connaître qu'une partie de ses dispositions, reproduites dans les lois postérieures, font encore partie de notre législation actuelle (1) ; du reste, il ne porte en rien atteinte aux principes consacrés par l'ordonnance de 1722, sa date est postérieure à l'expiration de la compagnie, et comme aucun acte législatif ne prouve, à notre connaissance, qu'elle ait été renouvelée, il est probable qu'elle avait été remplacée dans la pratique par le système des concessions, telles que les avait autorisées la loi de 1722 (2). Cet arrêt porte en substance que, toute mine qui n'aura pas été mise en exploitation dans l'année qui suivra la concession, sera retirée au concessionnaire, qui devra se pourvoir devant le roi, s'il veut de nouveau l'obtenir ; en outre, interdiction d'entreprendre ou d'abandonner des travaux sans autorisation de Sa Majesté ; obligation de déclarer l'état de la mine, le nombre, la nationalité, l'âge des ouvriers et de toute personne employée à l'exploitation, et enfin quelques

(1) Il en résulte que la période législative où se trouvent ces arrêts du conseil peut à la rigueur être considérée comme une cinquième période. *V.* Peyret l'Allier, préface du *Commentaire de la loi sur les mines.*

(2) *V.* Décret de 1816.

dispositions relatives à l'école des mines et au corps des ingénieurs (1).

Le droit du propriétaire avait-il été sauvegardé dans cette nouvelle législation? Le roi, dans plusieurs ordonnances, avait dit : il sera réglé conformément aux ordonnances de nos prédécesseurs; nous nous souvenons qu'Henri II n'avait donné droit à une indemnité que pour la surface. Nous devons cependant signaler une exception relative aux mines de fer. En effet, une ordonnance de 1680 (2, 3) avait concédé un droit d'un sou par tonne de cinq cents de minerai de fer extrait, c'était une redevance qui consacrait le droit du propriétaire de la superficie sur le sous-sol. Un arrêt du conseil de 1786, jugeant cette redevance insuffisante, la porta à 2 sous 6 deniers pour la même quantité de minerai extrait, on ne trouve rien d'analogue pour les autres substances métalliques.

33. Les mines de houilles dans le principe n'avaient point eu de législation particulière. Les ordonnances de 1471, 1548 et 1552 n'avaient fait aucune distinction en leur faveur, cet état de choses dura jusqu'en 1601. A partir de cette époque, elles ont joui de priviléges spéciaux. L'art. 2 de l'édit d'Henri IV les affranchit du droit du dixième. Un

(1) *V.* Arrêt du cons. du 19 mars 1783, du même jour que celui qui nous occupe portant création d'une école des mines.

(2) *V.* ordonnance de 1680 de la marque du fer, art. 9.

(3) Selon Blavier, préface de la jurisprudence générale, ces principes auraient leur origine dans une ordonnance de Louis XIII, 1626.

arrêt du conseil de 1698, autorise l'exploitation de mines de cette nature indépendamment de toute concession, au profit du propriétaire du sol, sans qu'il soit nécessaire pour jouir des priviléges attachés à l'exploitation des mines d'obtenir des lettres spéciales.

De cette liberté absolue d'exploitation était résultée une concurrence funeste. Les frais énormes d'établissement des houillères arrêtaient les exploitants, n'ayant plus la perspective d'un bénéfice assuré pour compenser leurs avances. C'est pour remédier à cet état de choses qu'intervint un arrêt du conseil du 14 janvier 1744. L'art. 1 contient une interdiction faite même aux propriétaires du sol et aux seigneurs hauts-justiciers d'ouvrir des houillères, sans la permission du contrôleur des finances (1), la dispense du droit du dixième faite par l'édit de 1601 est maintenue. Ceux qui voudront ouvrir des mines de charbon de terre devront indemniser les propriétaires des terres de gré à gré ou à dire d'experts (2) l'arrêt ne parle pas des bases de l'indemnité, il ne s'explique point sur la question de propriété du sous-sol, et l'on est embarrassé pour dire, si ce sont les principes communs aux autres mines, ou ceux particuliers aux mines de fer qu'il faut emprunter pour régler cette indemnité.

Les autres dispositions de cet arrêt sont relatives à

(1) Art. 1 arr. du conseil, 14 janvier 1744.
(2) Art. 4 même arrêt.

la sûreté générale des ouvriers, à la bonne exploitation, au ménagement des gisements houillers ; elles ont aussi pour but de prévenir l'abandon des mines, si elles peuvent encore être productives, de régler la nature des fouilles. Cet arrêt de 1744 est confirmé par un nouvel arrêt de 1783 (19 mars) qui renouvelle ses dispositions et les augmente dans une instruction sur la manière la plus sûre et la plus avantageuse d'exploiter les houillères, nous n'en dirons pas davantage sur cet arrêt dont les dispositions sont étrangères à la législation, un règlement portant la même date y est joint, il suffit de l'indiquer.

34. Les tourbières, qui sont comme les houillères, des exploitations dont on tire un chauffage, ne furent pas soumises aux mêmes règles ; la raison est que les tourbières s'exploitant à ciel ouvert n'ont pas le caractère de mines, il était permis à toute personne d'ouvrir des tourbières (1) en se conformant aux lois de police générale (2).

35. Dans le droit romain, les carrières étaient soumises à la même législation que les mines (3), c'est-à-dire qu'elles devaient payer au fisc le droit du dixième. Nous avons expliqué dans la première section de ce chapitre comment le droit du dixième sur les mines passa dans le domaine de nos rois. Il n'en

(1) Arrêt du conseil du 22 octobre 1784.
(2) *V.* cepend. arrêt du conseil du 17 juillet 1744, rapporté par Denizart et qui porte une concession de tourbière au profit d'un particulier.
(3) Code de Metallis.

fut pas de même pour les carrières ; elles échappèrent
à la fiscalité de la royauté et restèrent libres et
franches dans les mains des particuliers. Ce n'est
que dans le dernier siècle qu'elles attirèrent l'attention du législateur. Et encore, les arrêts du conseil
relatifs à ce sujet, ne contiennent guère que des dispositions de police. Cependant, un arrêt du Conseil
du 22 janvier 1706, les frappa, au profit des ponts-
et-chaussées, d'une servitude qui les grève encore
aujourd'hui. D'autres arrêts du Conseil leur sont
également applicables, mais ils ne contiennent que
des règles de police (1).

36. Nous terminons ici la première partie de ce
travail historique, bien que les monuments soient
nombreux dans notre ancien droit sur ce sujet,
comme on a pu d'ailleurs s'en convaincre; cependant la législation est hésitante; on trouve à chaque
instant des changements complets de système, qui
rendent assez difficiles à coordonner les dispositions
de nos rois. La révolution de 1789, en bouleversant
le système féodal et monarchique, eut nécessairement
une influence considérable sur la législation des mines, c'est ce que nous aurons bientôt l'occasion de
montrer.

(1) *V.* La table des ancienne lois françaises au mot *carrières.*
Denizart *V.* carrières. Arrêts du conseil du 23 novembre 1690.
14 mars 1741 et enfin de 1779.

CHAPITRE III.

Législation intermédiaire.

—◦—

37. Lorsqu'une révolution éclate au milieu d'une grande nation comme la France, les assemblées, qui sont chargées de régler sa marche, voient avec plaisir soulever toutes les questions qui, jusqu'à elles, n'ont pas reçu de solution satisfaisante; avec cette croyance en elles-mêmes qui fait leur force, elles pensent, et en cela elles sont de bonne foi, qu'un mot émanant de leur toute-puissance suffira pour faire cesser toute indécision sur le point en litige, pour empêcher à l'avenir toute discussion. Nulle assemblée ne fut plus pénétrée de ces idées que celle de 1789. Aussi, après avoir renversé l'ancien régime, après s'être flattée d'en avoir créé un nouveau, elle chercha de tous côtés, dans les anciennes lois de la monarchie, celles que leurs imperfections lui désignaient comme méritant son attention; c'est à ce titre qu'elle eut à se prononcer sur la législation des mines.

Cette législation, déjà hésitante et incertaine sous la monarchie, s'était écroulée au premier choc de la révolution. Le droit du dixième, droit de souveraineté, droit féodal, avait été supprimé; il en était de même du droit du quarantième, créé au profit des seigneurs hauts-justiciers par Henri II. Ces deux droits qui faisaient le fondement de la législation antérieure ayant disparu, les lois sur les mines n'étaient plus qu'une lettre morte.

38. C'est à un pareil état de choses que le législateur devait remédier; voyons comment il s'acquitta de sa tâche. Dès le commencement de ce travail, nous avons montré deux principes en constante rivalité l'un avec l'autre, nous avons étudié les fortunes diverses que leur avaient successivement faites les ordonnances royales. C'est encore ces deux principes que nous trouvons en présence au moment de la discussion de la loi de 1791. La propriété domaniale des mines non plus fondée sur le droit de souveraineté, mais uniquement sur l'intérêt de la nation, cherchait à s'introduire définitivement en France, en s'appuyant sur les progrès que l'exploitation des mines avait faits en Allemagne avec une législation identique. De l'autre côté, la propriété privée, trouvant un appui dans les idées romaines et dans les lois de l'équité, voyait une occasion de faire solennellement insérer son principe dans les lois et de recouvrer en un jour tout le terrain qu'elle avait perdu sous la monarchie.

39. Dans les grandes réformes, ceux qui sont

°chargés de présenter la loi qui les consacre tiennent dans leurs projets assez peu de compte des intérêts privés. Pleins de leurs principes, ils pensent qu'ils doivent passer devant les intérêts particuliers, qu'ils sacrifient sans remords; mais quand la loi est discutée devant les assemblées, les intérêts privés qui n'ont pas autant de patriotisme et d'abnégation qu'on l'avait espéré, s'agitent, mettent tout en mouvement, les amitiés, les passions, et font une résistance déses-pérée à la loi qui les frustre; et comme après tout ceux qui défendent ce qu'ils ont acquis (1) par leur travail méritent bien quelque ménagement, on entre de part et d'autre dans le système des concessions. Ces principes qui devraient être si clairement, si net-tement définis, restent dans le vague; on abandonne le côté spéculatif pour s'en tenir au côté pratique, et on s'efforce à trouver une législation qui ménage tous les droits, qui tienne compte de tous les intérêts. Elle satisfait rarement les intéressés et elle dure à peu près autant que le régime qui l'a enfantée.

40. Telle est l'histoire de la loi du 28 juillet 1791. Lorsqu'elle sortit de la commission qui l'avait propo-sée, elle portait en tête, cette phrase : « *Les mines sont à la disposition de la nation,* » puis le principe posé, les conséquences étaient développées dans les articles subséquents. Il y eut dans l'assemblée une grande résistance. Les représentants des populations

(1) V. Projet de M. Heurtaud Lamerville, présenté à l'assemblée constituante : (*Les mines et minières font partie de la propriété foncière et individuelle des citoyens. art. 1*).

minières de la France et particulièrement du Forez
(Loire) protestèrent. Le principe de la propriété était
violé, disaient-ils; nier la propriété du sous-sol à celui qui possède la superficie, c'était lui faire un notable dommage, c'était rouvrir la voie des abus où
s'était engagée l'ancienne monarchie, sans en retirer
aucun avantage pour l'exploitation des mines.

Dès le premier jour de lutte, les défenseurs du
principe de la commission comprirent qu'il était impossible de le soutenir dans ses conséquences; que
tenter cela, c'était nécessairement le faire rejeter,
parce qu'il était certain que l'assemblée tiendrait
compte des intérêts privés. C'est alors qu'on adopta
un moyen terme et que l'on proposa une transaction,
qui allait devenir la base de la législation. Le principe fut maintenu, « *les mines sont à la disposition
de l'État*, » mais une fois les conséquences qu'il
pouvait entraîner abandonnées, il ne fut plus que fai-
blement attaqué.

Voici quels furent les principes consacrés par la
nouvelle loi : Nécessité d'obtenir une concession pour
exploiter une mine. Droit de préférence du propriétaire pour l'obtenir. Depuis longtemps déjà, nous
l'avons vu précédemment, l'utilité de l'intervention
de l'État et la nécessité des concessions n'étaient mé-
connues par personne; quant à ce droit de préférence, il était reproduit de l'édit de 1601.

41. Mirabeau qui consacra les derniers efforts de
son talent à défendre le principe de la loi, en se re-
tranchant derrière les concessions faites à ses adver-

saires pour lutter contre toutes les objections qu'on lui opposait, Mirabeau, disons-nous, analysait ainsi la substance de la loi : « *Que le propriétaire exploi-* « *tant doit être maintenu, car l'intérêt public est alors* « *rempli, et par là on prévient toutes les iniquités* « *dont s'était souillé l'ancien régime ; 2° que le pro-* « *priétaire qui veut exploiter doit être préféré, car* « *il est débiteur envers la société de l'exploitation de* « *la mine qui est à sa portée ; 3° qu'il est inutile de* « *concéder les mines dont l'exploitation est facile.* » L'orateur prétendit que ces dispositions étaient des modifications apportées au principe de la propriété domaniale. Les députés opposants soutinrent que les autres dispositions de la loi n'étaient que des restrictions apportées à la propriété privée, et voilà comment, partant d'un point tout opposé, les deux parties adverses se réunirent sur un terrain neutre, s'entendant sur les faits sans s'entendre sur les mots.

42. Mais en définitive, quel principe l'emportait ? était-ce la propriété domaniale, ou la propriété privée ?

Cette loi était divisée en deux titres ; le premier relatif aux mines, houillères, bitumes, pyrites, et aux substances métalliques ou non métalliques qui sont exploitées sous forme de mine. Toutes ces mines étaient déclarées à la disposition de la nation ; mais première restriction (1) : le propriétaire de la surface conservait la libre exploitation 1° de celles de ces

(1) Laferrière, D. adminis. t. 11, p. 528.

mines qui pourraient être exploitées à ciel ouvert;
2° de celles qui, exploitées avec fosse et lumière, ne
descendraient pas au-dessous de cent pieds de profondeur (trente-trois mètres). Deuxième restriction :
Entre plusieurs demandeurs en concession, le propriétaire de la surface serait préféré, l'inventeur ne viendrait qu'après lui (1). Le titre 11 de la loi, relatif en
premier lieu aux mines de fer, contenait une troisième restriction. Les mines de fer étaient dispensées
de concession; cependant, au cas où le propriétaire
ne voudrait pas exploiter, le maître de l'usine la plus
voisine auquel le minerai était nécessaire, pouvait
exploiter à ses frais. Toutefois, il ne pouvait le faire
qu'un mois après l'avertissement donné au propriétaire du sol, si ce dernier ne s'était pas, pendant ce
délai, mis en mesure d'exploiter. S'il s'agissait de
terres incultes, le délai courait immédiatement; s'il
s'agissait de terres cultivées ou ensemencées, le délai
d'un mois courait seulement à partir de la récolte.
De plus, indemnité était due pour le minerai, comme
s'il était enlevé dans les bois et forêts (2); ajoutez à
cela qu'après l'extraction, le terrain devait être remis
en état d'être cultivé, et si la chose était déclarée impossible, une indemnité devait être accordée sur rapport d'experts. Il y avait une espèce d'expropriation
forcée, mais pour qu'il y ait expropriation, il faut

(1) Les économistes de l'école de Turgot prétendaient que la
mine étant chose inconnue, celui qui la découvrait avait, par droit
d'occupation , un droit exclusif à en être propriétaire.
(2) V. tit. 9 ord. de 1680,

5.

tout d'abord qu'il y ait propriété reconnue par la loi.

43. D'autre part, la propriété domaniale semble avoir été consacrée, par le principe des *concessions* admis dans la loi, par cette deuxième disposition, que la concession n'était accordée que pour cinquante ans; il est vrai que quand il s'agirait de la renouveler, on devait préférer l'ancien concessionnaire, s'il avait bien exploité. Le principe de la propriété domaniale semble encore avoir été renforcé par l'étendue que le gouvernement pouvait donner aux concessions (six lieues carrées, qui devaient être exactement déterminées). Enfin, et c'est le point principal par la négation de toute indemnité au propriétaire qui n'exploitait pas lui-même, soit qu'il n'eût pas voulu se charger de l'exploitation et exposer sa fortune dans une opération aussi hasardeuse, soit qu'une telle dépense lui eût été impossible ; il est hors de doute qu'il y a là un argument puissant en faveur de la propriété domaniale.

Cependant, nous dirons que la consécration de ce principe dans la loi de 1791 n'a pas paru de toute évidence au législateur postérieur, puisqu'il a écrit dans le C. N. l'art. 552, et qu'on le remarque, s'il est vrai que dans le 3° de l'article on trouve ces mots : « *Sauf les modifications relatives aux mines ;* » ce n'est là qu'une phrase incidente qui ne préjudicie en rien au principe exprimé dans le 1° de l'article, et ne vient modifier que le paragraphe qu'elle termine, les fouilles sont permises, sauf les lois qui concernent

les mines; il n'en reste pas moins certain, d'après l'article, que le propriétaire du dessus est aussi proprié
taire du dessous. « *On comprend, dit M. Portalis, dans*
« *la discussion au conseil d'État, que la propriété*
« *serait imparfaite si le propriétaire n'était pas li-*
« *bre de mettre à profit, pour son usage, toutes les*
« *parties extérieures et intérieures du sol ou du fonds*
« *qui lui appartient, et s'il n'était pas maître de tout*
« *l'espace que son domaine renferme* (1). » « *La res-*
« *triction du droit de propriété en ces divers cas est*
« *un effet nécessaire des obligations résultant du*
« *pacte social* (2). »

44. Maintenant que nous connaissons et les dispositions de la loi et les arguments qu'on invoque
dans les deux systèmes, que devons-nous décider?
La question est des plus délicates et ne peut, selon
nous, recevoir de solution absolue. La loi de 1791 est
une transaction perpétuelle entre deux principes op-
posés; c'est une loi pratique qui cherche à sauvegarder les intérêts contraires. Non, la loi de 1791
n'est pas basée sur un principe, car on ne peut pas
dire que la loi qui, dans son premier article, contient
ces mots : « *Les mines sont à la disposition de la*
nation, » consacre le principe de la propriété privée;
ce serait mettre un non-sens dans la bouche du législateur.

Peut-on dire, d'autre part, que le principe de la

(1) Locré, t. viii, p. 159.
(2) Locré, t. viii, p. 179.

propriété domaniale est admis, lorsqu'à chaque instant on le voit suspendu, mis de côté en faveur du propriétaire de la surface; ce serait encore faire injure au législateur, que de supposer qu'il a écrit son principe dans le premier article de la loi, afin de pouvoir le violer dans tous les articles subséquents. Répétons-le donc, la loi de 1791 est une loi éclectique, ne traitant pas des questions de principe, mais cherchant à protéger tous les intérêts et à remédier aux abus. A-t-elle répondu aux espérances du législateur? C'est ce que nous verrons quand nous exposerons les motifs qui lui firent substituer la loi de 1810.

45. Les autres dispositions contenues dans la loi qui nous occupe étaient secondaires, les unes étaient relatives à la procédure des demandes en concession, aux affiches nécessaires, aux oppositions; elles furent modifiées par un décret du 2 février 1801, ordonnant que les affiches et publications seraient répétées trois fois dans le mois qui suivrait la demande, et que le préfet prononcerait sur l'objet de cette demande un mois après l'accomplissement des formalités. La loi réglait encore les devoirs des exploitants envers l'Etat : 1° l'activité qui devait être donnée aux travaux dans les six mois; 2° l'obligation d'exploiter dans les six mois, sous peine de déchéance; 3° l'obligation de fournir un état des travaux; enfin le retour à l'État, en cas d'abandon de l'exploitation de la mine.

46. Ces dispositions doivent être complétées par les actes législatifs et administratifs suivants, qui sont antérieurs à la législation de 1810 : 1° la loi du 10 juin

1793, qui faisait réserve, dans la distribution des terres communales au profit de l'État, des terres où il y avait des mines ; 2° les arrêtés des 12 juillet 1794, 22 octobre 1795, la loi du 26 novembre 1799, et celle du 21 décembre 1799, relatifs aux ingénieurs et à l'École des mines ; 3° la circulaire ministérielle du 4 mars 1796, qui réglait les anciennes concessions afin de permettre l'établissement de sociétés.

Enfin, deux actes plus importants qui terminent cette nomenclature : 4° un arrêté du directoire du 23 décembre 1797, qui obligeait les héritiers légataires et donataires d'un concessionnaire à se pourvoir dans les six mois d'une autorisation du gouvernement continuant la concession faite à leurs prédécesseurs, à charge de justifier de leurs moyens d'exploitation, sous peine de déchéance. Il y a là une disposition assez difficile à comprendre au point de vue des principes, car elle portait atteinte à la propriété non contestée du concessionnaire. Il faut pour l'expliquer se reporter à la nécessité de surveillance et à l'obligation où était le gouvernement de recourir à des mesures exorbitantes pour arriver à une exploitation quelconque des mines, à une époque où la richesse nationale était épuisée ; 5° le dernier acte administratif est une ordonnance du 7 juillet 1801 (1) commentant la loi de 1791, et ayant trait : A à la distinction des matières susceptibles de libre exploitation, B aux permissions provisoires, C aux formalités à remplir

_____

(1) 18 messidor, an IX.

pour obtenir une concession ou une permission, D aux motifs de préférence, E à l'étendue, durée et renouvellement des concessions, F à l'établissement de nouvelles usines, G à la publicité des concessions, H aux devoirs de l'administration et des concessionnaires, I aux obligations imposées envers le propriétaire du sol et envers le gouvernement, K aux contestations qui devaient être portées devant les tribunaux civils en matière d'indemnité, et devant l'administration en matière de concession, L à la surveillance des ingénieurs.

On voit que ces dispositions sont corrélatives à la loi de 1791. Mais aujourd'hui que cette loi n'est plus en vigueur, cette circulaire, qui n'est qu'un acte de l'administration commentant la loi, ne présente qu'un médiocre intérêt. Nous n'entrerons pas dans le détail de ses dispositions qu'il nous suffit d'avoir énoncées.

DEUXIÈME PARTIE.

—o—

Législation moderne.

CHAPITRE PREMIER.

Classification.

(Loi de 1810; titre 1, art. 1, 2, 3, 4).

47. Nous avons eu occasion, en étudiant la loi de 1791, de montrer son insuffisance ; il était donc urgent, si l'on voulait empêcher la ruine imminente de l'exploitation des mines en France, de pourvoir par une loi nouvelle aux besoins immenses survenus, et de remédier aux graves inconvénients de la loi de 1791. Examinons-les avec détail, avant de passer à l'étude de la loi qui la remplaça.

Le premier reproche fait à la loi de 1791, c'était une mauvaise classification des mines, les soumettant tantôt au régime des concessions, tantôt à celui des permissions. Il était donc nécessaire d'avoir une division scientifique des matières d'après leur nature, indiquant à quel système administratif on devait les soumettre. Un deuxième reproche du même genre

que le précédent, c'était la négligence du législateur pour ce qui concernait les carrières et les tourbières. La législation, déjà fort incomplète à cet
égard avant la révolution, comme nous l'avons montré plus haut, n'avait pas fait un progrès depuis cette
époque; à peine un arrêté du Directoire avait-il réglé l'exploitation des tourbières; mais, nonobstant,
la législation sur cette matière était tout à fait insuffisante. Enfin l'administration était impuissante, tant
la surveillance était mal organisée, et il y avait danger et pour les ouvriers et pour la richesse industrielle
du pays à laisser plus longtemps subsister un pareil
état de choses.

48. Les autres reproches adressés à la loi de 1791
appartiennent à un ordre d'idées tout différent : en
effet, si cette loi n'avait été mauvaise que dans ses
détails, un acte administratif venant remplacer ou
amender la circulaire ministérielle du 18 messidor,
an ix, à une époque surtout où l'administration était
toute-puissante, aurait complété, et au besoin modifié la loi. Ainsi on eût évité les inconvénients toujours si graves d'un changement de législation; mais
non-seulement la loi de 1791 était incomplète dans
ses développements, elle était également funeste dans
ses principes.

La durée des concessions, restreinte à cinquante
ans, présentait de grands désavantages. Le concessionnaire, qui n'avait que cinquante ans pour recouvrer
les frais qu'il avait faits, exploitait sans économie,
laissant les filons les moins riches pour n'exploiter

que les plus productifs, au risque de compromettre
l'avenir de la mine; que lui importait l'avenir? N'é-
tait-il pas indifférent pour lui de laisser à l'État, au
bout des cinquante années de sa concession, une
mine encore riche, ou une mine épuisée? Il est vrai
que la loi de 1791 avait cherché un remède à ce mal,
dans un droit de préférence créé en faveur de celui
dont la concession cessait, s'il avait bien exploité; le
législateur avait vu dans cette restriction de la concession à cinquante ans un moyen de surveillance,
une manière de s'assurer que les mines seraient toujours bien exploitées, dans l'espérance que la concession serait renouvelée. Nous avons dit comment il
avait été trompé dans ses prévisions.

Ce n'était pas un moindre défaut dans la loi de
1791, que l'étendue énorme que l'on pouvait donner
aux concessions, le résultat en était on ne peut pas
plus dangereux. Le concessionnaire, qui n'était pas
toujours assez riche ou assez actif pour exploiter
tout le territoire qui lui avait été concédé, se contentait d'extraire le minerai (ou tout autre objet
ayant donné lieu à concession) par quelques puits,
pour satisfaire aux obligations de sa concession,
empêchant par l'étendue du terrain sur lequel il avait
droit, des concurrences de s'établir dans son voisinage, il tenait alors ses produits à un prix exorbitant
et nuisait à l'intérêt général des populations.

49. Mais le plus grave reproche à adresser à cette
loi était incontestablement cette disposition, assez
bizarre en théorie et impraticable en fait, qui per-

mettait au propriétaire de la surface d'exploiter son terrain jusqu'à 100 pieds de profondeur. Nous dirons plus loin comment cette règle devait être appréciée au point de vue législatif, voyons quels résultats elle avait donnés en pratique. D'abord elle avait été l'origine d'une multitude de petites exploitations mal dirigées, parce que leur profondeur étant bornée, elles étaient conduites contrairement à tous les principes de la science; de plus, l'argent manquait à la plupart des exploitants pour établir des machines, soit d'épuisement, soit d'extraction, et cependant, nul propriétaire ne voulait perdre le profit qu'il pouvait tirer de cette exploitation partielle, quelque minime qu'il fût. L'exploitation de la surface de la terre était gaspillée dans les pays houillers.

Autre inconvénient non moindre, ces exploitations superficielles rendaient impraticables les fouilles plus profondes qui auraient pu être entreprises par les concessionnaires qu'elles entravaient complétement, sans parler des discussions et des procès interminables aux quels donnait lieu la rencontre de ces deux exploitations, aux difficultés qui s'élevaient sur les limites, pour savoir si le propriétaire de la surface n'avait pas exploité au-dessous de 100 pieds; si d'autre part le concessionnaire, en suivant un filon, n'était pas remonté au-dessus de 100 pieds et n'avait pas ainsi porté préjudice au propriétaire de la surface.

50 Tels étaient les défauts de la loi de 1791, et il était urgent de les faire disparaître de notre législation, c'est ce que fit la loi de 1810. D'abord elle reconnaît

trois natures d'exploitations, distinction fondée sur des divisions scientifiques. La première, qu'elle appelle *mine*, ne peut être exploitée qu'avec une concession. La deuxième, appelée *minière*, né peut être exploitée qu'avec une permission. Enfin une simple déclaration suffit pour ouvrir la troisième espèce d'exploitation appelée carrière. Il est impossible de trouver une classification plus sage, fondée à la fois sur la science minéralogique (1) et l'utilité générale : elle satisfait complétement la raison et les intérêts privés et publics.

Sont considérées comme mines : les substances minéralogiques en *filon* (2), *couche* (3) ou *amás* (4) dont les noms suivent (5) : *or, argent, platine, mercure, plomb, fer en filon ou en couche, cuivre, étaim, zinc, alumine, bismuth, cobalt, arsenic, manganèse, antimoine, molybdène, plombagine,* ou *autres matières métalliques, soufre, charbon de terre* ou *pierre, bois fossile, bitumes, alun* et *tous les sulfates à base métallique.*

Sont considérés comme minières : les *minerais de fer dits d'alluvion,* les *terres pyriteuses, propres à être*

(1) Doit-on s'en étonner quand on sait que la loi fut primitivement rédigée par Fourcroy, alors ministre de l'Intérieur.

(2) On appelle filons, les terres ou substances métalliques qui se trouvent entre les rochers.

(3) On appelle couches les bancs de substance contenus dans le sein de la terre, qui s'étendent en longueur.

(4) On appelle amas les masses de substances qui, placées également dans le sein de la terre, s'étendent en hauteur et en profondeur.

(5) *V.* Loi de 1810, art. 2.

converties en sulfate de fer, les *terres alumineuses et les tourbes* (1).

Les carrières sont les endroits d'où l'on extrait : *ardoises, grès bons à bâtir et autres, les marbres, granits, pierre à chaux, pierre à plâtre*, les *pouzzolanes, le stras*, les *basaltes*, les *laves*, les *marnes, craies, sables, pierres à fusil, argiles, kaolin, terres à foulon, terres à poterie*, les *substances terreuses* et les *cailloux de toute nature*, les *terres pyriteuses regardées comme engrais*, le tout exploité à ciel ouvert ou par galeries souterraines (2).

Tel est l'objet du titre premier de notre loi ; mais remarquez bien que ce n'est pas sur le mode d'exploitation qu'est basée la distinction de la loi (3), mais sur la matière exploitée, après avoir exposé cette division, nous trouvons dans le titre deuxième les règles propres aux mines, puis dans les titres subséquents, celles propres aux minières, et enfin aux carrières. Cette manière de procéder est parfaitement méthodique, nous allons donc nous y conformer.

51. Avant de quitter ce sujet, nous avons un point à examiner qui n'a été tranché que par une loi postérieure ; on a pu remarquer que, dans aucune des énumérations, n'était compris le *sel :* son exploitation était-elle libre lorsqu'il se trouvait en mine sous le nom de *sel gemme*, ou bien chacun avait-il le droit

(1) Loi. de 1810, art. 3.
(2) End. l., art. 4.
(3) *V.* cep. Loi du 21 avril 1810, art. 70.

d'établir des *marais salants?* La loi de 1810 est muette sur ce point.

En 1825, des mines très-importantes de *sel gemme* ayant été découvertes dans l'est de la France, la discussion a été législativement terminée par la loi du 6 avril 1825. Du reste, la question n'était pas nouvelle, déjà elle avait été décidée dans le même sens, à deux reprises différentes, par le Directoire (1). D'après la loi de 1825, on doit ajouter à l'énumération des matières dont l'exploitation est qualifiée mine, le *sel gemme,* et également *les sources salées* et *marais salants.*

Le silence du législateur de 1810 n'était pas un oubli. Le projet de loi portait le *sel gemme* parmi les objets classés dans les mines; mais il fut supprimé sur l'observation de Napoléon, et par ce motif que les *marais salants* étant exploités sur simple permission, d'après la loi de 1806 (contre laquelle, il est vrai, réclamait la régie), il n'y avait pas lieu de soumettre le *sel gemme* à une autre législation que les *sels marins* (2); ces observations étaient tellement fondées que, lorsqu'en 1825, le législateur crut devoir soumettre le *sel gemme* au régime des mines, il y soumit également les *sources d'eau salée* et les *marais salants* (3). Enfin, une loi postérieure est venue régler définitivement la législation *des salines,* le 17 juin 1840.

(1) *V.* arrêtés du directoire, 22 Décembre 1797 et 22 janvier 1798.
(2) Locré t. IX, p. 416 et 419, surtout p. 280 et suiv.
(3) Loi du 6 avril 1825.

Quelque exacte et complète que soit la classification de notre titre, il pourrait cependant arriver qu'il y eût discussion sur le point de savoir si telle substance doit être rangée dans la classe des mines minières ou carrières. Quelle serait l'autorité compétente pour trancher une pareille question? évidemment l'autorité administrative (1). Cependant la question ayant été soumise comme question de propriété aux tribunaux ordinaires, ils ne se sont pas déclarés incompétents.

(1) *V.* Peyret l'Allier sur les art. 2, 3, 4, de la loi de 1810.

CHAPITRE II.

Des Mines.

—o—

SECTION I.—*Des concessions (loi de 1810, art. 10, 11, 12).*

52. Le caractère distinctif des mines est de ne pouvoir être exploitées que par ceux qui ont obtenu une concession. Une concession est donc un acte émanant de l'administration supérieure, qui a pour objet de donner à un particulier la faculté d'exploiter. L'origine des concessions est ancienne dans notre droit ; c'est sous cette forme que le gouvernement intervint pour la première fois dans la direction des mines, mais elles n'ont pas toujours eu le même caractère que celui que leur a donné la loi de 1810.

Tantôt elles ont été temporaires, l'État intervenant dans l'exploitation des mines pour octroyer pendant un certain laps de temps, à un particulier, la faculté d'exploiter. Le délai variait, du reste, à la volonté du souverain. La loi de 1791 fixa la durée des concessions à cinquante ans ; nous avons vu quels dangers entraînait cette législation, aussi la loi de 1810 les rendit-elle perpétuelles. La législation antérieure à la loi de 1791 n'avait établi aucune règle fixe sur l'étendue des droits conférés par les concessions : tantôt elles avaient été personnelles, tantôt transmissibles; cette idée de transmissibilité se retrouve dans les plus anciennes ordonnances de la monarchie, elle semble avoir disparu vers la fin de la royauté. On ne la rencontre pas dans les ordonnances de Louis XV, mais elle reparaît dans la loi de 1791.

Les concessions temporaires se produisirent sous une double face : tantôt la concession fut accordée pour un temps préfix; telles sont les dispositions de la loi de 1791, des ordonnances de 1548 et 1552; tantôt elle fut révocable *ad nutum*, c'est-à-dire qu'étant un pur don du roi, il pouvait l'enlever selon son bon plaisir. Mais les lois de 1791 et de 1810 ne nous montrent aucune trace de ces idées. La concession emprunte pour ainsi dire la forme et la nature d'un contrat passé entre l'État et un particulier, pour arriver à la mise en valeur des mines. Cette ressemblance qu'elle a avec un contrat synallagmatique, fait qu'elle s'approprie une grande partie des règles particulières à ce genre de contrats (1).

La révocabilité des concessions n'a donc plus lieu

(1) Cette analogie avec le contrat amène des conséquences assez éloignées: en effet, les stipulations faites avant la concession et qui n'auraient pas le caractère d'association, n'en devraient pas moins être exécutées, et le concessionnaire ne serait pas admis à prétendre qu'il est libéré de ses obligations, attendu qu'il n'a pas dépendu de lui de faire rédiger l'acte de concession en tel ou tel sens, et que cet acte constitue un fait indépendant de sa volonté. Cheppe, *Annales des mines*, t. x, p. 589.

que dans le cas d'inexécution des conventions. Nous verrons même plus loin comment le législateur a réglé cette révocation, et à quelles conditions il l'a soumise.

53. Une autre distinction non moins importante entre les effets des concessions aux diverses époques législatives, est celle-ci. La concession est générale ou particulière : générale, quand elle consiste dans une autorisation donnée de fouiller les mines dans telle ou telle province de la France, ou même dans le royaume entier ; particulière, lorsqu'elle consiste à autoriser l'exploitation de telle mine, exclusivement sur tel terrain limité.

La forme générale fut presque constamment adoptée dans l'ancien droit, la concession prit même un caractère de monopole, de privilége exclusif. Ces deux attributs de l'ancien droit ont également disparu dans la loi de 1791 et dans celle de 1810 ; ils ont été remplacés par deux nouveaux modes : la particularité et la spécialité des concessions ; par spécialité, nous entendons qu'une concession est nécessaire pour chaque substance différente qu'on veut exploiter : cette deuxième idée n'est qu'une conséquence de la précédente. Ainsi, si un individu obtient une concession pour l'exploitation sur telle étendue de terrain d'une mine de *plomb*, et que des fouilles nouvelles lui fassent découvrir des *filons d'argent*, il devra se pourvoir d'une nouvelle concession pour exploiter le second métal, mais il n'aura aucun droit exclusif à l'obtenir, sans doute, comme nous l'expliquerons

6.

en examinant les causes de préférence dans l'obtention d'une concession ; ses travaux pourront être un
titre pour lui faire accorder le privilége qu'il réclame,
mais il le devra à la bonne volonté de l'administration et non à un droit préexistant. Cette solution résulte évidemment du principe de la spécialité des
concessions.

54. Enfin, une dernière différence importante entre
le système des concessions dans l'ancien droit et celui
qui a été organisé par la loi de 1810, c'est que dans
notre loi actuelle la concession n'est accordée qu'après
la découverte de la mine, tandis que dans le droit de
l'ancienne monarchie la concession avait lieu avant
même qu'on sût s'il y avait une mine à exploiter, et
comprenait aussi le droit de recherche, qui, dans
notre droit, est soumis à d'autres règles.

55. Ainsi les concessions, telles qu'elles ont été orga-
nisées par la loi de 1810, sont perpétuelles, irré-
vocables, si ce n'est pour inexécution des conditions,
et sous certaines formes protectrices du concessionnaire ; elles sont particulières, spéciales, et ne sont
accordées que pour l'exploitation des mines connues ;
or, elles n'auraient aucun de ces caractères dans l'ancien droit. On voit que si le nom est le même, les
effets sont bien différents.

56. Toutes les fois que l'on connaît l'existence de

l'une des substances énumérées dans l'art, 2 de la loi de 1810, il y a lieu d'accorder une concession. Mais généralement les matières ne se rencontrent point à la surface de la terre, ou même, s'il s'en trouve des parcelles, il faut des travaux de sondage, pour s'assurer qu'elle en contient également dans son sein, et pour constater véritablement l'existence d'une mine. D'autre part, la science minéralogique a dû faire monter la législation au niveau de ses progrès : or l'examen géologique du terrain fait reconnaître si le sous-sol peut renfermer des matières susceptibles d'exploitation ; de là des règles spéciales pour la découverte et la recherche des mines.

Il est certain qu'il y a un intérêt social engagé dans la découverte des mines ; si l'on considère, cependant, que la surface de la terre est entre les mains de propriétaires privés dont le droit est également sacré, on doit apercevoir à combien de difficultés va donner lieu la conciliation de ces deux intérêts.

Écartons d'abord une hypothèse qui ne présente aucune difficulté : le propriétaire de la surface peut toujours (sauf dans les villes) faire des fouilles et rechercher les mines qu'il espère trouver sur son terrain, à cette seule mais importante condition que, sous prétexte de fouilles, il ne cachera pas une exploitation véritable, qui ne peut avoir lieu sans concession, ni en dehors de la surveillance de l'administration ; il n'est donc astreint à aucune formalité préalable. Le motif de cette disposition est très-facile à comprendre : les restrictions mises à la recherche des mines ne sont insérées dans la loi que par égard pour la propriété privée; dans notre première hypothèse elle n'est en rien compromise, puisque c'est le propriétaire lui-même qui fouille son propre terrain, et qui donne la satisfaction voulue à l'intérêt général.

57. Les questions subséquentes sont loin d'être aussi faciles, et il faut, pour bien les comprendre, distinguer deux cas. Dans le premier, il s'agit de recherches à exercer sur les terres d'un propriétaire privé; mais ces terres sont des champs éloignés de 100 mètres au moins des murs de clôture d'une habitation. Les recherches peuvent s'opérer de deux manières : soit avec l'autorisation amiable du propriétaire, qui peut substituer un étranger dans son droit de fouiller, soit avec l'autorisation de l'administration.

Cette deuxième disposition est grave, parce qu'elle porte une notable atteinte aux droits du propriétaire; ce sacrifice d'un droit se conçoit bien lorsque l'existence d'une mine a été constatée; mais que sans savoir s'il y a où s'il n'y a pas de mines, uniquement pour s'en assurer, on vienne enfoncer des sondes, faire des fouilles sur son terrain, ce droit paraît assurément exorbitant au premier abord. Cependant, il faut bien le dire, les fouilles sont des opérations coûteuses, qui ne se font point à la légère dans l'intention de molester le propriétaire sur la terre duquel on prétend les faire. La science minéralogique donnera d'importants renseignements par l'étude du terrain sur la probabilité de la découverte; et c'est de ces renseignements que veut s'entourer l'administration en consultant les ingénieurs des mines sur l'opportunité des fouilles, se réservant de refuser l'autorisation si le préjudice qui va être causé au propriétaire du terrain n'est pas justifié par les hautes considérations de l'intérêt public.

De plus, une indemnité préalable est accordée au propriétaire. Mais les mots devant être entendus *secundum subjectam materiem.* Il n'est pas possible de déterminer par avance le dommage qui sera causé par des travaux qui ne sont pas encore faits. Le propriétaire aura simplement le droit de faire fixer approximativement le prix de l'indemnité, et de forcer le permissionnaire à justifier, soit par caution, soit par dépôt, qu'il est en mesure de satisfaire à ses obligations(1).

Cette indemnité comprendra non-seulement les frais de récolte, mais aussi toutes les pertes que la fouille aura pu occasionner au propriétaire; nous reviendrons d'ailleurs sur la nature et l'étendue de ce droit lorsque nous traiterons de l'indemnité due par le concessionnaire au propriétaire de la surface; il résulte d'une manière évidente, de la discussion au conseil d'État, que cette indemnité est assise sur les mêmes bases.

58. Ce ne fut pas sans difficulté que ce droit de recherche dépendant, il est vrai, de la volonté de l'administration, fut admis dans la loi. La discussion

(1) Cotelle. D. ad. t. 11, p. 60.

nous prouve qu'il rencontra au sein du conseil d'État
une opposition formidable. On admettait bien qu'on
pût dépouiller un propriétaire du sous-sol lorsque
l'existence d'une mine y était certaine; mais on ne
pouvait comprendre qu'il pût appartenir à un étranger de venir troubler la jouissance d'un propriétaire,
d'envahir son terrain dans l'espoir souvent mal fondé
d'y découvrir une mine. Le comte *Berenger* (1) de-
mandait que les fouilles ne pussent jamais être exer-
cées sans le consentement du propriétaire; mais sur
l'observation du comte *Regnault de St.-J.-d'A.*,
qu'une résistance malveillante du propriétaire d'un
terrain pouvait entraîner un préjudice considérable
pour la société et qu'il fallait pouvoir vaincre son
opiniâtreté, *Napoléon* décida que l'administration
pourrait autoriser les recherches en consultant le
conseil des mines sur leur utilité, et sur la probabilité de l'existence d'une mine; il faut du reste l'a-
vouer, ce système était conforme à toute l'économie
de la loi, il était donc parfaitement sage de l'admettre.

Les recherches ne peuvent être autorisées que par
le chef de l'État, nonobstant les termes de l'instruction du 3 août 1810, qui semble vouloir donner ce
droit au ministre; l'administration a renoncé d'ailleurs d'elle-même à cette prétention illégale (2). La
permission est accordée généralement pour deux

(1) Locré, t. ix, p. 167 et 168.
(2) Ordonnance du 19 août 1832.

ans, et on doit en faire usage dans les trois mois (1).

59. Tout en faisant à l'intérêt public une large part dans la rédaction de cette section de la loi, il ne fallait pas non plus sacrifier d'une manière absolue les intérêts de la propriété et permettre à un étranger de pénétrer au milieu des foyers du propriétaire; c'est à ce danger qu'a remédié le législateur en interdisant les recherches dans les enclos murés, cours et jardins et dans les terrains attenant aux habitations et clôtures murées, à une distance de 100 mètres desdites clôtures ou habitations, à moins d'avoir obtenu le consentement formel du propriétaire. Certes, la règle semble bien simple et bien positive ; elle a pourtant donné lieu à diverses interprétations. Mais, avant d'entrer dans la discussion de la question qui a été soulevée à ce sujet, disons que cet article ne s'applique pas seulement aux recherches, il a une portée plus étendue. Nous aurons à voir quelle influence il peut avoir sur les droits du concessionnaire et s'il ne peut pas entraver son exploitation ?

Pour qu'il y ait lieu d'appliquer la fin de notre article, c'est-à-dire l'interdiction de fouiller les terrains situés à une certaine distance des enclos sans le consentement du propriétaire, faut-il que les deux terrains appartiennent au même propriétaire? Ainsi la maison et le jardin appartiennent à *Primus*. Le terrain placé dans la distance de 100 mètres à *Secundus*.

(1) *V.* instruction ministérielle du 3 août, 1810. Proudhon, dom. privé, t. 2, p. 101.

Tertius, qui croit à l'existence d'une mine sur le terrain de *Secundus*, pourra-t-il obtenir l'autorisation de fouiller nonobstant *Primus?* Pourra-t-il l'obtenir nonobstant *Secundus?* Et enfin *Secundus* pourra-t-il fouiller son terrain malgré *Primus?*

Ces trois questions nous paraissent devoir recevoir une solution affirmative. En vain on dira que les mêmes motifs existent pour protéger la propriété de Primus du voisinage d'une exploitation, si le terrain qui s'étend à cent mètres de sa maison ou de sa clôture ne lui appartient pas; que s'il en est propriétaire, c'est une servitude légale *non fodiendi* (1) établie au profit des habitations sur les terrains avoisinants, servitude de la même nature que celle de ne pas planter à la distance de deux mètres du voisin. On dira encore que la loi crée, au profit de celui dont le terrain avoisine une maison, un droit d'empêcher les recherches, sans distinguer si la maison lui appartient ou non; nous croyons que tous ces raisonnements pèchent par leur base.

On conçoit, en effet, très-bien que la loi soit venue au secours du propriétaire pour interdire, sans son consentement formel, des recherches sur un terrain qui lui appartient, mais on n'expliquerait pas cette interdiction de la loi sur un terrain dont il n'est pas propriétaire. Il serait encore plus incompréhensible, qu'elle eût accordé au propriétaire d'un terrain qui n'a par lui-même aucun motif d'exception, la faculté

(1) Proudhon, dom. privé, t. II, p. 414 et suiv.

de se soustraire au droit commun, parce que son voisin a une construction dans un espace déterminé. Du
reste le texte de la loi, qui donne en termes formels
la solution de la troisième question que nous avons
posée, ne doit, selon nous, laisser aucun doute sur
l'opinion à admettre pour les deux premières. Dans
tous les cas, le propriétaire de la surface a le droit de
faire des recherches sur son terrain : tels sont les termes de notre article; on ne voit donc vraiment pas
où le propriétaire de la maison pourrait puiser son
droit pour interdire aux propriétaires avoisinants de
faire des fouilles sur leurs terrains (1) et s'il en est
ainsi, où donc est-il écrit dans la loi, que le propriétaire, qui ne peut pas empêcher son voisin de faire
des fouilles, peut s'opposer aux recherches que prétend faire celui que, de son plein gré, le voisin s'est
substitué, ou en dernier lieu, celui auquel l'administration a donné le droit de fouiller.

La logique de ce raisonnement nous paraît incontestable. Que pourrait-on dire encore dans l'opinion
que nous combattons, que la loi n'a pas pu permettre qu'il dépendît du propriétaire voisin d'établir sur
lui des usines, des exploitations rendant l'habitation
impossible; mais la réponse est bien simple, car si l'é-
tablissement que l'on prétend créer est insalubre, l'on
ne pourra sans doute l'établir malgré le voisin ; la loi
sur les établissements insalubres est une protection
suffisante pour le propriétaire. Si l'établissement n'est

(1) Ordonnance, 18 juillet 1827.

pas considéré par lui-même comme nuisible, de quel droit prétendrait-on interdire au propriétaire un mode de jouissance qui lui paraît avantageux ?

L'opinion que nous combattons n'est donc pour nous qu'une mauvaise interprétation de la pensée du législateur, il n'a pas prétendu créer au profit des habitations sur les terres voisines une servitude, mais simplement mettre une restriction à une servitude existante, dictée par l'intérêt général, dans le cas où son exercice porterait un trop grave préjudice au propriétaire qu'elle frapperait (1).

Un auteur qui combat la doctrine que nous venons de soutenir s'appuie uniquement sur les travaux préparatoires de la loi : nous croyons qu'il fait une confusion; les citations qu'il emprunte sont relatives à la discussion de l'art. 15 fondé précisément sur la sûreté des édifices, et il conclut de là que c'est le même motif qui a dicté l'art. 11; nous soutenons, nous, que l'art. 15 a pourvu à la sûreté des édifices, et que l'art. 11 n'a eu pour but que de faire respecter le domicile des citoyens (2). C'est donc trancher la question par la question (3).

59. Dans l'art. 11 de la loi de 1810, il n'est question que des travaux apparents. Que doit-on dire des travaux souterrains? On peut bien empêcher d'ouvrir des puits et des galeries, mais peut-on empêcher de

____

(1) V. jug. du tribunal de Saint-Etienne, 14 août 1829. Husson, t. xci.

(2) Locré, t. ix, rapport de M. de Girardin.

(3) Cotelle, d. ad. t. ii, p. 35.

pousser des galeries ouvertes sur un autre terrain? Cette question, que nous ne faisons qu'indiquer ici, trouvera sa solution lorsque nous traiterons des obligations du concessionnaire. En effet, elle a une bien plus grande importance, quand il s'agit de l'exploitation d'une mine, que lorsqu'il s'agit des travaux préparatoires d'une fouille, qui ne peuvent sortir de certaines limites sans cesser d'avoir une existence légale.

60. A quelle juridiction devra s'adresser un propriétaire pour faire exécuter les dispositions de notre section et forcer ceux qui cherchent une mine à rester dans les limites de la loi? Aux tribunaux civils(1) il s'agit essentiellement ici d'une question de propriété, et les tribunaux civils sont seuls compétents pour en connaître; en effet, que prétend le propriétaire? que la recherche faite sur son terrain blesse son droit de propriété, soit qu'elle ait été autorisée par l'administration, ou qu'il n'y ait pas eu d'autorisation. C'est toujours à la juridiction civile qu'il devra recourir pour faire respecter son droit. C'est là d'ailleurs la doctrine de la Cour de cassation (2).

Il n'en est pas de même de la question d'indemnité. Ce n'est pas aux tribunaux civils qu'il appartient d'en connaître : s'il n'y a pas accord entre les parties, elle doit être fixée par l'administration d'après l'avis du conseil de préfecture.

(1) Locré, t. ix. p. 317.
(2) Cassation, 21 août 1825; 23 janvier 1817. Conseil d'Etat, 5 avril 1826; 18 février 1846.

La question est législativement tranchée par
l'art. 46 de la loi de 1810, qui renvoie à l'art. 4 de la
loi de pluviôse an VIII, où sont déterminées les attributions du conseil de préfecture et où nous trouvons
un paragraphe spécial aux indemnités de cette nature (1).

61. Notre solution ne devrait plus être appliquée
dans le cas où les fouilles auraient eu lieu sans l'autorisation de l'administration, nous retombons sous
une toute autre règle : jusqu'à ce qu'il y ait concession, ou jusqu'à ce qu'il y ait permission qui, selon
ce qui a été dit au conseil d'État, est une concession
provisoire; aux termes de l'art. 552 du Code Napoléon, le propriétaire de la surface est également
propriétaire du sous-sol (2), toute recherche, fouille
serait donc un attentat commis contre sa propriété,
toute extraction un préjudice illégalement causé
dont il aurait le droit de demander réparation aux
tribunaux ordinaires.

Cette solution, qui paraît incontestable, n'est pas
admise par l'administration qui prétend faire une
distinction entre la question de dommages-intérêts et

(1) V. ord. du 19 août 1832 et du 19 août 1835. Annales des
mines.

(2) Quelle que soit d'ailleurs l'opinion qu'on adopte sur la propriété des mines avant la concession, il faut empêcher les citoyens
d'être troublés par des étrangers dans la jouissance de leur propriété; si les mines sont propriétés domaniales, c'est à l'Etat seul
qu'il appartient d'en autoriser la recherche, et tant qu'il ne l'a
pas fait il y a une violation de la propriété à exercer des recherches sur un terrain appartenant à un particulier.

la question d'indemnité; elle reconnaît sans difficulté
que la justice ordinaire est seule compétente pour la
question de dommages-intérêts, mais elle se prétend compétente pour accorder l'indemnité, attendu
que toute indemnité, dit-elle, antérieure à la concession doit être toujours réglée par elle, aux termes de l'art. 46 (conseil-d'État, 5 avril 1831) de la
loi de 1810, et que l'État est propriétaire des mines
jusqu'à la concession. Cette opinion est absolument
fausse : tant qu'il n'y pas eu de concession ou d'autorisation de recherches, les mines, aux termes de
l'art. 552 du Code Napoléon, appartiennent au propriétaire de la surface, et la preuve, c'est que l'État
reconnaît qu'il a droit de recevoir, dans ce cas, le prix
du minerai extrait. La jurisprudence résiste avec
raison contre une pareille doctrine (V. plus loin la
section 5).

L'indemnité devrait être accordée sur les bases les
plus larges, d'après les principes de la loi de 1810 ;
toutefois celle qui serait due pour l'extraction du
minerai ne devrait être que de sa valeur, les frais
d'extraction déduits conformément aux principes de
l'art. 1149 du Code Napoléon (1).

62. La dernière disposition de notre section a
pour but d'interdire toute recherche sur un terrain
déjà concédé; cette règle, que l'on comprendra
mieux quand nous aurons expliqué les effets de la
concession, reconnaît que l'État, ayant fait abandon

_____

(1) Cass. 1ᵉʳ février 1841. Liège, 23 septembre 1818.

de tout le minerai qui peut se rencontrer dans un terrain, ne doit pas autoriser une autre personne à le rechercher. Mais le texte assez obscur de la loi peut faire naître la question suivante : doit-on autoriser les recherches sur un terrain concédé, lorsque celui qui demande à faire les recherches ne tend point à découvrir la même substance que celle qui a fait l'objet de la concession? Cette question nous paraît assez difficile ; cependant, en vertu du principe reconnu dans notre droit de la spécialité des concessions, il nous semble que cet acte ne peut avoir eu pour résultat de donner à celui qui l'a obtenu une propriété exclusive que sur la substance faisant l'objet de son exploitation et se trouvant dans le terrain concédé; que, partant, toute autre matière peut être recherchée sur ce terrain.

Toutefois les graves difficultés que ferait naître le concours de deux entreprises sur un même terrain, qui, exigeant des modes d'exploitation différents, pourraient se contrarier mutuellement; d'un autre côté, le droit du concessionnaire sur le sous-sol dont on semble avoir voulu faire une propriété absolument indépendante à son profit, et le trouble qu'une nouvelle concession apporterait dans sa jouissance, le dérangement de ses travaux ; enfin les termes formels de l'art.. 12 (*in fine*) de la loi de 1810 font que nous restons incertain sur la décision à prendre. La question, d'ailleurs, ne se présentera que rarement (1).

____

(1) V. Peyret l'Allier n° 173, pour la première opinion.

SECTION III. — *De la forme des concessions (loi de 1810, art. 5, 22 à 30).*

63. Une fois l'existence d'une mine constatée, soit au moyen des recherches, soit de toute autre façon, il y a lieu d'accorder une concession (1). Mais il n'est pas nécessaire d'indiquer les allures du métal ou de la substance, sa disposition (2); il n'est pas non plus nécessaire d'établir que l'exploitation doit être avantageuse au concessionnaire (3).

La concession est accordée par décret impérial, sur l'avis du conseil d'État. Le droit de concession, qui emprunte pour ainsi dire le caractère d'une loi créant une propriété nouvelle, doit être porté à la connaissance de tous par la promulgation (4). Les concessions sont accordées sur l'avis du conseil d'État, le conseil des mines, entendu et vu le rapport du préfet du département où la concession est demandée. Mais la question doit toujours être déférée au conseil d'État, et il y aurait lieu de se pourvoir, par voie contentieuse, contre la décision ministérielle, déclarant qu'il n'y a pas lieu à concession (5).

La demande en concession doit être déposée à la préfecture et enregistrée par le préfet sur un re-

---

(1) Décision, 2 février 1834 ; 10 novembre 1835 ; 24 septembre 1836. Annales des mines, t. VIII, p. 583, et t. X p. 616.

(2) Annales des mines, t. X, p. 598.

(3) Circulaire du directeur général des mines, 31 octobre 1837 ; décision ministérielle, 24 septembre 1836.

(4) Décision ministérielle du 30 octobre 1834.

(5) Cotelle, 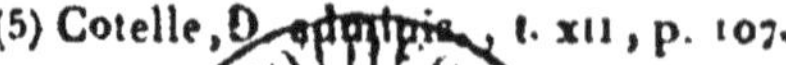 t. XII, p. 107.

7

gistre tenu à cet effet, afin d'établir la date de la demande, elle sera adressée par voie de simple pétition ; si le préfet refusait de la recevoir, on devrait la faire remettre par huissier, afin de lui donner date certaine (1). A toute demande, devra être annexé, en triple expédition, un plan dressé ou vérifié par l'ingénieur des mines, sur une échelle de dix millimètres, et certifié par le préfet (2).

La concession d'une mine peut toucher à bien des intérêts, elle peut aussi être demandée par plusieurs personnes, et l'État a même intérêt à choisir, entre plusieurs concurrents, celui qui présente les meilleures garanties pour la bonne exploitation : il est donc nécessaire que la demande en concession soit portée à la connaissance du public. C'est par la voie des affiches et publications qu'on arrive à ce résultat. Le préfet a dix jours pour y faire procéder, mais ces dix jours ne courent qu'à partir de l'époque où il a pu s'assurer que la demande était sérieuse (3). Les affiches doivent être posées pendant quatre mois ; 1° au chef-lieu du département ; 2° au chef-lieu de l'arrondissement ; 3° au domicile du demandeur ; 4° dans toutes les communes où s'étend la concession : de plus, elles seront insérées dans les journaux du département. D'après l'importance qu'ont les affiches, on comprendra sans peine qu'elles aient été soumises

(1) Richard, n° 164.
(2) Locré, t. IX, p. 428.
(3) Circulaire du 31 octobre 1837.

à diverses formalités ; par exemple, à la communication à l'ingénieur en chef des mines (1). Les publications seront renouvelées au moins une fois par
mois (2), dans chacun des endroits, le dimanche, à
la porte des églises ou des temples, par le maire de la
commune.

Ce délai de quatre mois était de six mois dans la
loi de 1791 ; une loi postérieure l'avait réduit à deux
mois (3). La loi de 1810 a pris quatre mois, comme
terme moyen. Une ordonnance royale l'a réduit à
deux mois pour les mines de *sel* (4). Dans tous les
cas il court à partir de la date de l'affiche. Ce laps de
temps est appelé *instruction ;* pendant qu'elle dure,
toute demande en concurrence, toute opposition sont
reçues à la préfecture ; elles doivent être signifiées par
acte extra-judiciaire. Le jour où l'on afficha n'est pas
compris dans les quatre mois (5). Les oppositions
seront enregistrées sur le registre dont nous avons
parlé plus haut, qui sera communiqué à tout récla-
mant.

64. Dans le mois qui suivra ces formalités, le préfet du département prendra l'avis de l'ingénieur des
mines et le soumettra avec le sien au ministre des
travaux publics. Si le préfet refuse de donner suite à
la demande, elle sera adressée au conseil des mi-

(1) Circulaire du 24 juillet 1834.
(2) Richard, 164. Cotelle, t. 11, p. 93.
(3) Loi du 2 février 1801.
(4) Ordonnance royale du 7 mars 1811. Annales des mines.
(5) Peyret l'Allier , n° 348.

7.

nes (1). Faisons ici une première observation : s'il s'est produit des demandes en concurrence, ne doit-on pas faire opérer une nouvelle instruction? Une distinction est nécessaire à cet égard. En effet, si la nouvelle demande est dans les mêmes termes que la première, elle n'est, à vrai dire, qu'une opposition à cette demande, et peut être traitée comme telle ; il y a à cela un intérêt majeur ; on comprend que si des demandes successives exigeaient toutes un délai nouveau pour leur instruction, cela pourrait ajourner indéfiniment la décision sur les concessions. Il ne pourrait en être de même s'il y avait des différences entre les deux demandes, par exemple s'il n'y avait pas conformité entre les limites de la concession proposée par les deux impétrants (2); il serait absolument nécessaire de procéder à une nouvelle instruction (3). D'ailleurs l'administration a, même dans le premier cas, le droit de faire une nouvelle instruction, ou simplement un supplément d'instruction.

65. Toute opposition sera reçue jusqu'au jour de l'émission du décret ; mais sous quelle forme pourra-t-elle se produire, lorsque le délai de quatre mois sera expiré, et l'affaire renvoyée au conseil d'État? Elle se produira sous la forme contentieuse, par requête déposée par un avocat au conseil, et elle sera notifiée aux parties intéressées.

(1) Cotelle, t. 11, p. 91. Droit administratif.
(2) Circulaire ministérielle du 3 novembre 1812.
(3) Ordonnance du 8 janvier 1834.

A voir le texte de notre article, on devrait décider que les demandes tardives ne doivent point être admises, et qu'une fois le délai de quatre mois expiré, aucune demande en concession n'est recevable; ce serait pourtant une erreur, un arrêté ministériel (1) décide positivement qu'elles seront admises. C'est dans la discussion au conseil d'État qu'il faut chercher le mot de cette énigme. Lorsque le projet fut communiqué à la commission du corps législatif, il portait : « *toute opposition et toute demande*; etc. » La commission proposa la suppression de ces mots « *toute demande* (2) ». Le conseil d'État adhéra à cette suppression, mais il fut bien entendu que cela n'enlèverait pas à l'administration le droit de les admettre si elle le jugeait utile (3). Il ne faut donc tenir aucun compte du rapport de M. de *Girardin*, qui considère cette prohibition comme absolue (4). Ainsi donc, les demandes en concurrence tardives peuvent être admises, mais il est facultatif pour l'administration de les rejeter; toutefois, quand elle ne prend pas ce dernier parti, elle doit ordonner une nouvelle instruction (5).

La loi n'a pas déterminé les motifs sur lesquels les oppositions pouvaient être fondées; ainsi on peut s'opposer pour tous motifs à la concession d'une

(1) 27 oct. 1812.
(2) Locré, t. ix, p. 463.
(3) Locré, t. ix , p. 482.
(4) Locré, t. ix, p. 519.
(5) Avis du conseil d'Etat, 5 mai 1837.

mine, nous avons même vu que l'administration, dans le but d'abréger les délais, était dans l'habitude de considérer comme oppositions les demandes en concurrence.

Il est pourtant une opposition que le conseil d'État ne peut pas; nous ne disons par apprécier, mais juger : expliquons notre pensée. Si l'opposition est fondée sur une prétention à la propriété de la mine, il n'appartient pas au conseil d'Etat de trancher judiciairement cette question; elle est essentiellement du ressort des tribunaux ordinaires; elle doit donc leur être déférée (1). Mais on conçoit que cette contestation ne peut pas suspendre la marche de l'administration, qui peut néanmoins accorder la concession sans tenir compte de l'opposition formée (2), sauf à laisser la question se débattre plus tard devant qui de droit entre les deux propriétaires putatifs. Nous convenons que la question sera plus compliquée si une concession a été accordée depuis, car la loi interdit aux tribunaux, sous peine de forfaiture, de suspendre l'exécution des actes de l'administration; la difficulté n'est qu'apparente, les tribunaux appelés à juger une question de propriété ne s'occuperont des actes de concession que comme moyen, pour voir s'ils ont basé une propriété légitime ; puis ils décideront, non pas que l'acte de concession ne sera pas exécuté, ce

(1) Le renvoi ne pourra être fait par le préfet. Décret du 12 octobre 1812.

(2) Ordon. royale, 24 mars 1833. Annales des mines, t. III, p. 563.

qui serait contraire à la loi, mais que la propriété de la mine appartient à tel ou tel. Il est vrai qu'en fait, la décision judiciaire pourra paralyser la décision administrative.

Cette solution est néanmoins la seule qui puisse être admise, toute autre aurait pour effet immédiat de retirer la connaissance des questions de propriété aux tribunaux ordinaires ; d'un autre côté, l'administration ne peut être suspendue par une opposition dont elle ne peut connaître, sans empiéter sur la juridiction ordinaire, et la procédure si longue d'un procès soutenu devant les divers degrés de juridiction pourrait ajourner indéfiniment la décision sur la demande en concession (1).

Du reste, le tribunal peut être saisi directement et avant que la concession n'ait été accordée, de la question de propriété ; en vain dirait-on que l'impétrant n'ayant aucun droit, ne peut venir soutenir que son adversaire n'est pas propriétaire, qu'il faut attendre qu'il ait obtenu la concession, qu'alors il viendra contester la propriété devant le tribunal, en basant son droit sur la concession qui lui a été faite. Cette doctrine ne doit pas être admise ; il est de droit commun que chacun peut faire reconnaître sa propriété, lorsqu'il est troublé, or, il est certain qu'une demande en concession adressée par *Secundus* d'une mine dont *Primus* se prétend propriétaire, est un trouble apporté par *Secundus* à la propriété de *Primus*, dont ce

(1) Peyret l'Allier, p. 695, sur les art. 22 et suiv. *V.* en sens contraire, Husson.

dernier peut demander justice aux tribunaux (1).

66. L'acte de concession en déterminera l'étendue. Cette disposition, abrogeant celle de la loi de 1791 qui fixait la plus grande étendue des concessions à six lieues carrées, ne fut point admise sans discussion dans la loi de 1810. Quelques membres du conseil d'État proposaient de réduire à trois lieues le *maximum*, mais sur l'insistance formelle de Napoléon, on laissa toute latitude à l'administration sur l'étendue des concessions (2). A l'acte de concession sera joint un cahier des charges, où seront réglées les obligations spéciales que l'administration entend imposer à son co-contractant, en dehors des règles ordinaires fixées par la loi (3).

Une seconde question, qui ne donna pas lieu à des discussions moins vives, fut le mode de limitation de l'exploitation; en principe il fut déclaré, que la profondeur n'aurait pas de limites, que la concession n'aurait de borne que dans son étendue; mais les exploitants du Hainault, qui faisait alors partie de l'empire français (département de Jemmapes), réclamèrent contre ce système, disant, ce qui était en effet vrai, que la loi belge avait toujours reconnu

(1) Liége, 11 mars 1813. Cassation, 21 janvier 1833. Dalloz, t. xxxiii.

(2) Nonobstant la discussion au conseil d'Etat qui semble cependant bien formelle, on a soutenu que la loi de 1810 étant muette sur ce point, la loi de 1791 n'était pas abrogée; il y a même eu une décision du conseil d'Etat dans ce sens. *V.* Locré, t. ix, p. 201. 2ᵉ alinéa, Proudhon, Dom., priv. n° 743.

(3) Catelle, D. adm. t. ii, p. 27.

l'exploitation par couches, qui était usitée dans beaucoup de mines du pays; on trouve cette opinion et ses motifs dans un long mémoire adressé au conseil d'État par les habitants du département de Jemmapes. Pour faire droit à ces réclamations, on laissa à l'administration la faculté d'accorder des concessions par couche (1).

67. Une fois que la concession est accordée, elle est insérée au Bulletin des lois et notifiée au concessionnaire qui l'a obtenue, par le préfet (2). Nous avons vu qu'il pouvait y avoir procès entre particuculiers sur la propriété de la mine, et qu'il pouvait intervenir une décision judiciaire paralysant, sinon annulant, l'acte de l'administration; mais, en règle générale, c'est la justice administrative qui connaît des actes de l'administration. Il y a pour déférer ces actes aux juridictions administratives, deux voies ouvertes aux parties : la voie contentieuse et la voie gracieuse; ces notions sont trop connues pour que nous insistions. Ces deux voies de recours sont-elles ouvertes contre les actes de concession?

Dans l'ancien droit, la voie contentieuse était ouverte devant le conseil du roi pour deux causes : pour concession obreptice; c'est-à-dire, obtenue en invoquant des faits controuvés; et pour concession subreptice, c'est-à-dire obtenue en cachant des circonstances graves.

(1) Locré, t. IX, p. 353 et suiv.
(2) Cotelle, t. II, p. 124.

La publicité, organisée d'une manière si large par la loi de 1810, a eu pour effet de faire disparaître ces deux causes d'annulations, et en principe ce n'est que dans le cas où les formalités n'ont pas été remplies, qu'il y a lieu à revenir contre la concession par voie contentieuse . il n'y a, à cet égard, aucun doute. Le défaut de publicité vicie absolument la concession; cette doctrine s'appuie sur de nombreuses décisions du conseil d'État (1). La voie contentieuse est encore ouverte lorsqu'il s'agit de rectifier une erreur matérielle et manifeste dans l'acte de concession (2). Est-elle ouverte dans d'autres cas? La solution doit être négative (3). Cependant on trouve une décision du conseil d'État, qui annule une concession, parce que ses limites empiétaient sur les terrains accordés précédemment à un autre concessionnaire (4), il nous semble que cette question était une question de propriété qui aurait dû être jugée par les tribunaux ordinaires (5).

La voie gracieuse est toujours ouverte contre tous

(1) 4 mars 1809. — 21 février 1814. — 13 mai 1813. — Ordonnances et décrets émanant du conseil d'État, Sérigny, compétence. Cormenin. 1°. mines.

(2) 4 août 1811. — 26 août 1818. — 21 mars 1821. 10 avril 1825. Le motif de ces décisions est que la loi ne reconnaît aux particuliers aucun droit à l'obtention des concessions, mais seulement des titres à demander une faveur.

(3) Décret du 14 février 1813. Conf. ordonnance du 20 juillet 1836.

(4) 21 février 1814, décret délibéré en conseil d'État.

(5) On pourrait soutenir que dans l'espèce il y avait défaut de publicité.

les actes de l'administration rendus en matière non-
contentieuse (1).

68. Les questions de compétence sont tellement
délicates en pareille matière, qu'il est bon d'en retracer en quelques mots les principes. L'acte de concession peut donner lieu à trois actions. La demande en
réformation de titres, c'est celle-là dont nous parlions
au paragraphe précédent, et qui n'est admissible,
comme nous venons de le dire, que par voie gracieuse devant la juridiction administrative.

La deuxième action peut être une action en interprétation de titre, elle appartient encore au conseil d'État, mais il ne peut en connaître directement,
cette question ne peut lui être déférée, qu'à-propos
de contestations déjà nées. On cite de nombreuses
décisions du conseil d'État, déclarant qu'il n'y a
pas lieu à prononcer sur une interprétation, attendu
que la question n'a été soulevée ni par l'autorité
judiciaire, ni par l'autorité administrative (2); mais
aussi quand une question de cette nature se présente
devant les tribunaux ordinaires, et qu'une discussion
est soulevée devant eux sur le sens d'une clause d'une
concession, ils doivent se dessaisir immédiatement,
et renvoyer les parties à se pourvoir devant la juridiction du conseil d'État, pour fixer le sens de la

(1) Règlement du 22 juillet 1806, art. 40. Cormenin, questions
adminis. Delalleau, n° 469. Richard, n° 178. Peyret l'Allier,
n. 358.

(2) Sérigny, compétence.

clause, et revenir ensuite devant les tribunaux, en voir ordonner l'exécution dans le sens où le conseil d'État l'a interprétée.

La troisième action pour laquelle les tribunaux civils sont compétents, c'est la question d'application. Ainsi, une indemnité a été, par une clause de la concession, accordée à l'inventeur. Les concessionnaires refusent de payer, mais sans s'appuyer sur une interprétation différente de la clause de la concession qui base le droit du demandeur. Les tribunaux civils seront compétents pour juger cette contestation (1).

SECTION IV. — *Qui peut obtenir une concession (loi de 1810, art. 13, 14, 16, 31, 32, 36).*

69. Nous avons supposé jusqu'ici qu'une mine avait été recherchée, qu'elle avait été découverte, que le gouvernement devait la concéder. Il faut maintenant faire connaître quels sont ceux qui peuvent obtenir la concession d'une mine. En pareille matière, l'intérêt de l'État étant la bonne exploitation de la mine, la loi doit être facile sous certains rapports. C'est ainsi qu'elle admet en concours les Français et les étrangers. Cette disposition tranche une question qui aurait pu être controversée dans l'opinion de ceux qui ne reconnaissent à l'étranger en

(1) Cotelle, D. adm. t. II, p. 126.

France que les droits naturels, et qui auraient pu
nier à l'étranger la capacité d'acquérir une concession,
fait essentiellement civil.

70. Les particuliers n'ont pas seuls le droit de
prétendre à la concession des mines; en fait, même,
ce n'est pas à eux que les concessions sont généralement accordées. Les entreprises de mines demandent trop de capitaux pour que les fortunes particulières puissent y suffire; les sociétés sont donc aptes
à obtenir des concessions; elles peuvent se présenter
sous diverses formes, en nom collectif, en commandite ou anonyme; sous quelque régime qu'elles soient
constituées, elles peuvent obtenir une concession;
mais bien qu'adoptant les formes propres aux sociétés commerciales, elles sont néanmoins sociétés civiles.

Comment cette proposition doit-elle être entendue?
Il y a à cet égard bien des dissentiments. Pour nous,
la société conserve le caractère civil quand elle est
constituée avant la concession, et même pour la recherche des mines, ou bien qu'elle est établie pour
l'exploitation d'une concession obtenue : la règle est
la même, que la société soit anonyme, en commandite ou en nom collectif. Justifions ces diverses propositions. Tout le monde est d'accord pour reconnaître que la société constituée pour l'exploitation
d'une concession est civile; la mine est en effet, un
immeuble, et il n'y a pas acte de commerce à exploiter son immeuble, il n'y a pas là achat pour re-
vendre.

Mais ici commencent les désaccords. On prétend que la société perd le caractère civil dès qu'elle est constituée par action, c'est prendre le résultat pour la cause. Les sociétés ne sont pas commerciales parce qu'elles sont constituées avec des actions, mais parce qu'elles ont pour objet un acte de commerce, et toutes les fois qu'elles n'ont pas pour objet un acte de commerce, elles restent sociétés civiles (1).

La discussion au conseil d'État, le texte même de la loi, ne peuvent pas, selon nous, laisser le moindre doute à cet égard. L'art. 32 porte que l'exploitation des mines ne constitue pas un fait commercial, et l'art. 13 de la même loi reconnaît que les mines peuvent être exploitées par des sociétés, ce qui est également consacré dans l'art. 14 de la loi de 1810. La réponse est encore bien plus marquée dans l'art. 8 de la même loi, où il est dit que les *intérêts et actions dans une société ou entreprise pour l'exploitation des mines.* Cet article, précédant l'art. 32, ne démontre-t-il pas d'une manière évidente que le législateur entendait que les mines pourraient être exploitées par des sociétés d'actionnaires et que ces sociétés seraient civiles.

Nous avons dit que la discussion au conseil d'État ne laissait pas le moindre doute sur la question qui nous occupe; en effet, ce ne fut pas sans difficulté que l'on admit les sociétés anonymes à pouvoir obtenir les concessions. La discussion à cet égard fut des

(1) Troplong, sociétés, t. 1, n° 326, 327. — Duvergier, sociétés n° 485.

plus vives. La cause de cette hésitation était précisément dans la répugnance qu'éprouvaient certains membres du conseil d'État à laisser se constituer une société de cette nature pour l'exploitation d'un immeuble, acte essentiellement civil.

Cette résistance ne fut vaincue que par la nécessité universellement reconnue d'attirer les capitaux dans l'exploitation des mines, la forme anonyme donnant une satisfaction complète à la prudence des capitalistes (1). On soutient qu'un arrêt de la Cour de Paris a néanmoins professé une opinion contraire; nous verrons ce qu'il y a d'exact dans cette assertion.

71. Un autre point contesté qu'on ne doit pas hésiter à trancher en faveur du caractère civil à imprimer à ce genre de société est celui-ci : La société qui se forme pour rechercher la mine est-elle civile? Si ceux qui ont soutenu l'opinion contraire avaient réfléchi sur le texte, ils auraient reconnu, ainsi que le démontre selon nous clairement M. Troplong (2), que leur erreur repose sur une confusion; il n'y a pas, dit-on, exploitation d'une propriété immobilière dans les recherches : non; mais pour que la concession puisse être accordée à une société, comme le dit l'art. 13 de la loi de 1810, il faut bien qu'elle ait pu se constituer avant l'obtention de cette concession, et ce premier point admis, d'où vient qu'on voudrait dépouiller les sociétés du droit de

(1) Locré , t. IX, p. 207 et suiv.
(2) Troplong, t. 1, n° 333. Société.—Cotelle. Droit administratif, t. 1, p. 79.

rechercher les mines et de se créer ainsi aux yeux de l'administration une cause de préférence, comme nous le verrons plus loin.

L'existence de cette société est du reste suspendue par la condition de l'obtention de la concession, et elle ne commencera véritablement à être considérée comme société exploitant une mine, que lorsqu'elle aura obtenu une concession. Dans les recherches qu'elle fait auparavant, elle n'a qu'un but purement civil, préparer l'obtention de la concession; il n'en serait pas de même d'une société, qui mettrait son industrie au service d'explorateurs sans prétendre pour son compte, obtenir la concession de la mine qu'elle aurait découverte, il y aurait là une industrie, une entreprise commerciale qui entraînerait certainement pour cette société le caractère de société commerciale.

72. D'un autre côté, il ne faut pas s'exagérer l'importance de ce caractère civil que la loi donne aux exploitations de mines, et si la société constituée est en commandite ou anonyme, c'est dans le Code de commerce où le législateur s'est occupé de ces sociétés qu'il faudra chercher les dispositions à leur appliquer.

Ainsi, les règles relatives à la responsabilité des gérants dans la société en commandite (1), les articles traitant de l'administration des sociétés anonymes devront également être empruntés au Code

___

(1) Locré, t. ix, p. 209, alinéa 2.

de commerce, ce ne sont là que des exemples, il serait facile d'en donner d'autres.

La portée de l'art. 32 de la loi de 1810 sera donc de soustraire les sociétés de mines à la compétence commerciale, à la patente, à la contrainte par corps, à la solidarité. Ce dernier point est très-contestable : en effet, il s'agit de décider, si la solidarité est une règle particulière aux sociétés, ou bien une règle commerciale ; si l'on adopte la première décision, il faut rejeter l'opinion que nous soutenons : en effet, l'art. 32 a pour effet non de dispenser les sociétés des règles qui leur sont propres, mais bien de les décharger de celles que les nécessités du commerce leur ont fait imposer ; or, la solution de la question nous semble être dans l'art. 1861 du Code Napoléon : en effet, les règles tracées en ce titre du Code civil tombent sur les sociétés en commandite, quand elles ne sont pas commerciales, et c'est bien là notre espèce.

73. De ce que la loi n'a pas imprimé le caractère commercial aux sociétés relatives à l'exploitation des mines, en devons-nous conclure que, si cette forme paraît avantageuse aux concessionnaires pour l'étendue et la facilité de leurs relations, pour obtenir les fonds qui sont nécessaires à leurs travaux, ils ne pourront pas donner ce caractère à leur entreprise ; ce serait évidemment outre-passer le but du législateur, et convertir une mesure protectrice des concessionnaires en une loi oppressive et entravant leur

liberté d'action (1). Il est également certain que la
société qui ferait des actes de commerce tels que les
opérations de banque, transports (2), devrait être
soumise à la loi commune ; c'est ce qui explique la
tendance des arrêts et notamment de celui de la cour
de Paris dont nous parlions plus haut, à donner aux
sociétés, pour l'exploitation des mines, la qualité de
commerciales (3) ; ce sont là, comme le dit M. Troplong, des arrêts d'espèce : dans les cas qu'ils jugent,
les concessionnaires avaient imprimé à leur société le
caractère commercial.

La société de mines cesserait également d'être civile, si elle n'était pas restreinte à l'exploitation des
mines et si les concessionnaires joignaient à leurs
premières opérations des travaux accessoires qui ne
rentrent pas dans l'exploitation des mines, tels que
*carbonisation des houilles, lavage et bocardage des
fers* (4). Ces actes sont commerciaux et la loi de 1810
ne saurait avoir pour effet de soustraire les concessionnaires des mines à la conséquence de leurs actes
et de déclarer que des travaux qui ne sont pas faits
pour l'exploitation de la mine ne sont pas commerciaux ; on ne retrouve là aucun des motifs qui ont
dicté les dispositions de l'art. 32 (loi de 1810). Ajoutons même qu'il y aurait une différence entre la
société constituée commercialement pour l'exploita-

<hr>

(1) Troplong, Sociétés, n. 331.
(2) Peyret-l'Allier, sur l'art. 13 de la loi de 1810.
(3) *V.* Paris, 19 février 1840, Cassation, 30 avril 1828.
4) Peyret-l'Allier, t. 1, p. 476.

tion des mines, et celle qui s'occuperait ainsi d'actes étrangers à cette exploitation, c'est que la première ne serait, en aucun cas, soumise à l'obligation de la patente (1), tandis que s'il s'agissait d'une des industries dont nous avons parlé, cette dispense ne serait pas applicable (2).

74. Une condition essentielle à la validité des concessions, c'est que la personne qui la demande soit vivante au moment où elle est accordée. La concession est un acte solennel qui tombe sous l'application des principes généraux. Les héritiers ne pourraient donc pas se prévaloir de la concession accordée à leur auteur, mort au jour de la date de la concession (3).

75. Nous avons dit qu'une concession pouvait être accordée à une société, mais est-il nécessaire qu'il y ait société entre les demandeurs? La négative est admise dans le cas où la concession est demandée conjointement, par exemple, par plusieurs propriétaires de la surface; il y a là une sorte de société tacite. S'ils ne sont pas propriétaires de la surface à défaut de convention, pour quelle part seraient-ils propriétaires de la mine? Évidemment pour une part virile. Cette décision doit-elle encore être suivie dans le cas où ils sont propriétaires de la surface? Non, ils devront être considérés comme propriétaires

(1) Ordonnance du 7 juin 1836.
(2) Art. 13, l. du 25 avril 1844.
(3) Ordonnances du 16 janvier 1840, Annales des mines, t. xvii, p. 470, comp. cep. Décret du 14 février 1815.

8.

en raison de la quotité de leurs propriétés comprises sur le terrain de la concession (1). Tous ces points ont été proclamés par la jurisprudence des tribunaux ou du conseil d'État, et la doctrine a accepté leurs décisions.

76. L'État, qui peut être propriétaire privé, est-il capable d'obtenir la concession d'une mine? La question, qui n'avait pas été tranchée par la loi de 1810, l'a été par une loi postérieure (2) en faveur de l'État qui s'est concédé les mines de *sel* de l'est de la France. Il est certain qu'il est assez extraordinaire de voir l'État s'accorder à lui-même une concession, être juge et partie dans la même cause, régler ses rapports avec les propriétaires de la surface ; quelque étrange que paraisse cette doctrine, elle n'en est pas moins incontestable ; mais une règle, peut-être encore plus bizarre, est celle qui dispense l'État des formalités de publicité, c'est ce qui résulte d'une ordonnance royale (3).

Il est encore un point qu'on crut nécessaire de trancher législativement, c'est la question de savoir si plusieurs concessions doivent être accordées au même individu. Il est, en effet, à craindre que l'une de ses exploitations ne nuise à l'autre ; nonobstant cette raison, on s'en rapporta à l'administration du soin de juger si, dans les espèces qui se présente-

(1) Proudhon, n. 773.
(2) Loi de 1825.
(3) 3 décembre 1828.

raient devant elle, ce danger pouvait exister; il résulte des termes de la loi et de l'intention du législateur, que l'administration doit agir avec réserve en pareille matière. Les communes peuvent obtenir une concession (1) comme l'État.

77. Il n'existe aucune cause de préférence écrite dans la loi au profit des demandeurs en concession. Napoléon jugea que des règles de cette nature gêneraient l'administration, qui doit avoir toute liberté, dans l'intérêt public, de préférer celui qui offre les meilleures garanties pour la bonne exploitation. C'est là la véritable cause de préférence, mais est-ce à dire que l'administration ne devra tenir aucun compte: 1° du droit du propriétaire de la surface; 2° du titre d'inventeur? Évidemment non. Ce serait bien mal comprendre la volonté du législateur, que de ne pas voir là des causes de préférence, dans le cas où le propriétaire, ou l'inventeur demandeur en concession, présenterait autant de chances de bonne exploitation. La discussion de la loi ne laisse aucun doute à cet égard, et il est manifeste que si l'on n'a pas reproduit la disposition de la loi de 1791, c'est afin de laisser une plus grande liberté à l'administration (2), mais non pour l'autoriser à ne tenir aucun compte des principes qui l'avaient dictée.

(1) Ordonnance du 31 mai 1833, Annales des mines, tom. IV, p. 576.

(2) Selon l'école des économistes, les mines seraient des biens sans maître, appartenant au premier occupant; dans ce système les inventeurs auraient dû avoir un droit exclusif à l'obtention des

Quand l'inventeur (1) ou le propriétaire de la surface n'obtiennent pas la concession, leurs droits ne
sont pas sacrifiés. Le premier obtient une indemnité
pour toutes les dépenses qu'il a faites, et de plus pour
avoir découvert la mine; on comprend, en effet, que
si l'on se contentait d'indemniser l'inventeur de ses
travaux, le propriétaire de la surface devant en général lui être préféré pour l'obtention de la concession,
ce serait bien mal récompenser ses efforts : il aura
donc droit à une indemnité, pour ses travaux,
mais bien entendu uniquement pour ceux qui ont ·
été bien dirigés ; remarquez que nous ne disons pas,
pour les travaux ayant amené un résultat, mais
pour ceux qui, ayant été conduits conformément aux
principes de la science minéralogique, auraient pu en
amener un (2); de plus, une indemnité lui est due
pour le service qu'il a rendu à la société en décou-
vrant une mine. Cette double indemnité est accordée
par l'acte de concession ou par délibération du conseil
d'État (3) ; elle doit l'être dans des proportions assez
larges pour encourager à la recherche des mines (4).

concessions, et même ils auraient pu exploiter sans cette formalité,
puisque le fait même de la découverte eût constitué en leurs mains
une véritable propriété. (Cotelle, D. admi., t. II, p. 5, Turgot, qui
considérait les mines comme des *épaves*). *V.* aussi discussion de la
loi du 28 juillet 1791.

(1) Locré, t. IX, p. 169.

(2) Ordonnance royale du 19 août 1837.

(3) Conseil d'État, 23 novembre 1842.

(4) L'ordonnance de concession des mines de *sel gemme* attribuait une indemnité de deux millions aux inventeurs.

De son côté, le propriétaire de la surface, privé de la concession, a droit à une redevance proportionnelle à la valeur de la mine : elle est réglée à l'amiable par l'acte de concession, ou sur l'avis du conseil de préfecture, si les parties n'ont pu s'entendre (1).

SECTION V. — *Des droits des propriétaires de la surface, sur les mines, avant et après la concession (loi de 1810, art. 6, 18, 19).*

78. Nous avons terminé la section précédente, en disant qu'une redevance était due au propriétaire de la surface, lorsqu'il n'est pas concessionnaire de la mine, quelle est origine de ce droit, quelle est sa nature, quels sont ses effets ? La recherche de l'origine nous amène à traiter une question des plus importantes, qui a déjà été l'objet de nos études dans l'ancien droit. A qui appartiennent les mines avant la concession ? La loi de 1810 a-t-elle consacré le principe de la propriété domaniale ? Quelle est la part faite à la propriété privée, au droit du propriétaire de la surface par le législateur moderne ?

79. Dans les lois que nous avons précédemment examinées, le principe de la propriété privée s'est révélé avec trois caractères différents ; d'abord, par le droit exclusif du propriétaire de la surface sur le sous-sol, c'est la plus simple expression, la plus ancienne consécration de ce principe ; en second lieu,

(1) Conf. art. 16, 1. de 1810 et art. 1v, 1. de pluviôse an viii.

il est apparu sous forme d'une redevance, d'une indemnité proportionnée à la valeur de la mine ; en dernier lieu, il s'est présenté sous l'apparence d'un droit de préférence dans l'obtention de la concession : c'est sa conséquence la plus éloignée, c'est le dernier vestige de son existence.

Toutes les fois que nous avons rencontré une de ces dispositions, nous avons pu dire que le principe de la propriété privée existait dans ce système législatif.

C'est seulement sous sa dernière forme qu'on le trouvait dans la loi de 1791 ; est-il reproduit dans la législation de 1810 ? L'article six de cette loi répond à la question ; on reconnaît un droit du propriétaire de la surface sur le sous-sol. Du reste, ce principe ne fut pas admis sans discussion.

80. Parmi les lois que nous a laissées l'empire, il en est peu qui aient donné au législateur autant de mal à coordonner que celle du 21 avril 1810. Le projet a eu six rédactions avant d'arriver à sa forme actuelle, et pendant quatre années successives la loi a été discutée par le même législateur qui avait rédigé le Code civil en un laps de temps moins considérable.

La première rédaction de la loi sur les mines fut apportée au conseil d'État le 1ᵉʳ février 1806 (1). Le 22 mars de la même année (2), le projet fut rejeté et renvoyé à une commission pour présenter une nou-

(1) Locré. t. ix, p. 142.
(2) Locré, t. ix, p. 142.

velle rédaction. Quelle part fit-il alors aux propriétaires de la surface? On ne s'en occupa pas ; c'est ce
que nous prouve le rapport sur la deuxième rédaction, présenté par *M. Fourcroy* deux années après le
rejet de la première, 21 octobre 1808 (1). Cet oubli
frappa *Napoléon*, qui présenta en première ligne
cette critique sur le projet : « *Il faut poser clairement le principe, que la mine fait partie de la propriété de la surface* (2). » Le projet fut ensuite renvoyé à une commission, pour présenter une troisième
rédaction où on tiendrait compte des critiques faites
par l'empereur. Jusqu'ici nous ne voyons que les
préliminaires de la lutte, et c'est seulement à propos
de cette nouvelle rédaction que la discussion va surgir dans toute sa gravité, bien qu'elle eût lieu hors
de la présence de l'empereur, appelé à cette époque
hors du conseil d'État par des intérêts plus graves.

M. le comte *Pelet* (3) réclama contre le projet, qui
sacrifiait, nonobstant les intentions du chef de l'État,
les intérêts des propriétaires de la surface, et modifiait les principes de la loi de 1791, en tant qu'elle
protégeait la propriété privée ; il fut soutenu par
Cambacérès et combattu par *MM. Regnault de Saint-
Jean-d'Angely* et *Berlier*. Le résultat de la discussion
fut de faire renvoyer le projet à une quatrième rédaction.

D'après ces observations, un article ainsi conçu

<hr>

(1) Locré, t. IX, p. 114.
(2) Locré, t. IX, p. 153.
(3) Locré, t. IX, p. 204 et suiv.

fut présenté dans la quatrième rédaction : « *Lorsque les concessionnaires ne seront point propriétaires de la surface, l'acte de concession réglera toujours, à peine de nullité, les droits résultant en faveur du propriétaire de la surface; de l'art. 552 du Code Napoléon* (1). » Mais ce principe, qui paraissait avoir été admis sans difficulté dans le quatrième projet, n'avait pas encore soulevé toutes les discussions auxquelles il devait donner lieu. Déjà dans le projet de loi suivant on ne le retrouve plus, et voici l'article destiné à le remplacer : « *Les mines sont des biens qui n'appartiennent à personne. Les propriétaires de la surface y ont seuls un droit acquis* (2). » Napoléon s'aperçut qu'il y avait une contradiction manifeste entre le commencement et la fin de l'article projeté, qu'on ne pouvait à la fois déclarer que les mines n'appartenaient à personne et reconnaître aux propriétaires de la surface un droit sur elles (3). En conséquence, *M. Jaubert* proposa d'en revenir à la législation de 1791; *Napoléon*, avant de trancher la question, voulut savoir quelles étaient à cet égard les législations étrangères, et il renvoya à la section de l'intérieur pour faire un rapport à ce sujet.

Ce rapport fut présenté par le comte *Regnault de Saint-Jean-d'Angely*, qui constata qu'en règle générale, les États de l'Europe admettaient le principe de

---

(1) Locré, t. IX, p. 293.
(2) Locré, t. IX, p. 342 et suiv.
(3) Locré, t. IX, p. 351.

la propriété domaniale (1), sans toutefois faire le sacrifice absolu des intérêts du propriétaire de la surface, dont ils tenaient compte soit au moyen d'un
droit de préférence, soit au moyen d'une redevance.
La question ne reçut pas de là de grands éclaircisse-
ments; cependant, comme une décision était nécessaire, il fut arrêté que le principe de la propriété
privée serait reconnu et se manifesterait par une redevance.

La commission du corps législatif, chargée de
présenter ses observations sur le projet, protesta
vivement et défendit le principe de la propriété domaniale (2), qu'elle désirait voir appliquer avec
toutes ses conséquences ; nonobstant ces observations, le conseil persista dans son principe, et nous
le trouvons positivement consacré dans l'exposé des
motifs devant le corps législatif, fait par le comte
Regnault de Saint-Jean-d'Angely (3), s'appuyant :
1° sur le respect dû à la propriété privée et aux droits
du propriétaire de la surface; 2° sur la nécessité de
ne pas violer l'art. 552 du Code Napoléon.

81. Ce deuxième point, qui n'est qu'indiqué dans
cet exposé des motifs, fut développé avec soin dans
le rapport présenté par le comte de *Girardin* au corps
législatif, par la commission chargée d'examiner le
projet (4). Après avoir cherché à établir que le sys-

(1) Locré, t. IX, p. 390 et suiv.
(2) Locré, t. IX, p. 456 et suiv.
(3) Locré, t. IX, p. 491 et suiv.
(4) Locré, t. IX, p. 506 et 507.

tème le plus raisonnable était celui de la propriété domaniale, le rapporteur déclarait qu'on avait dû le rejeter dans la crainte de violer l'article 552 du Code Napoléon. Certes, si cet argument était déjà faible quand il n'était qu'en seconde ligne, qu'un argument accessoire, on peut dire qu'il est complétement nul quand il est le seul sur lequel on s'appuie pour justifier un système dont on blâme les conséquences.

Quoi ! il serait juste et sage de déclarer les mines propriété domaniale, et qu'est-ce qui arrête le législateur? C'est un principe écrit dans une loi précédente, rédigée à une époque où la question qui nous occupe n'avait été ni étudiée, ni tranchée ! et comment ce principe est-il consacré dans la loi qu'on invoque, d'une façon si douteuse, si peu certaine, qu'on est forcé de recourir aux travaux préparatoires de la loi pour essayer de démontrer son existence, qui est justement contestée. Et c'est sur cela qu'on s'appuie pour faire insérer dans une loi importante, qui n'a pas coûté moins de quatre années de travaux à ceux qui l'ont rédigée, un principe dont on déclare les conséquences funestes.

Il faut l'avouer, ce système est extraordinaire et ce n'est pas dans la discussion au conseil d'État, que le rapporteur avait trouvé des arguments de cette force. Non, *Napoléon,* discutant le projet de loi sur les mines, ne se fût pas arrêté devant de pareils obstacles. Ce n'est pas parce que l'on a cru apercevoir dans le code Napoléon une reconnaissance du droit du propriétaire de la surface, qu'il a été proclamé, mais bien parce qu'il était juste et équitable, parce qu'il était constant que les principes de la propriété, tels que les a tracés le droit romain, donnent un droit au sous-sol; que les modifications qu'on est forcé de subir ne doivent leur existence qu'à l'utilité générale, et ne sont par conséquent qu'une expropriation pour cause d'utilité publique, nécessaire, il est vrai, personne ne le conteste, depuis deux cents ans que le principe des concessions s'est introduit dans nos lois, mais qui donne ouverture à une indemnité. Quand on défend des droits aussi sacrés que ceux de la propriété, il faudrait trouver, pour la faire respecter, des motifs meilleurs qu'une espèce de fétichisme pour une loi dont le sens est obscur.

82. Que Mirabeau vienne nous dire que la législation qui n'admettrait pas deux propriétés, une pour la surface, une pour l'intérieur de la terre, serait absurde, nous en conviendrons avec lui; mais il y a bien loin de là à dépouiller purement et simplement le propriétaire de la surface; pourquoi l'État se substituerait-il de sa propre autorité aux particuliers, si ce n'est dans l'intérêt public. Mais alors, c'est une expropriation et toute expropriation doit donner lieu à une indemnité, sous peine d'être une spoliation, qui n'a d'autre appui que la violence.

Le législateur de 1810 a donc bien fait de proclamer le principe de la propriété privée; il lui a donné la forme la plus étendue, la plus favorable, il a fait pour elle tout ce que l'intérêt public lui permettait de faire; peut-être, cependant, eût-il pu maintenir la disposition de la loi de 1791, créant pour obtenir la concession un droit de préférence en faveur du propriétaire de la surface; il est vrai que si cette disposition n'est pas écrite, en fait, l'administration, qui est chargée d'appliquer la loi, s'attache scrupuleusement à préférer le propriétaire de la surface, toutes les fois qu'elle peut le faire sans préjudicier aux intérêts qui lui sont confiés.

83. La justice de ce principe de la propriété privée n'est-elle pas de toute évidence; pourquoi donc laisse-t-on aux propriétaires de la surface les carrières, les minières? Le cuivre ou la houille ont-ils quelque chose en eux qui doive, plutôt que le fer ou la pierre, les faire mettre dans le domaine de l'État?

Les partisans les plus acharnés de la propriété domaniale ont-ils jamais osé méconnaître le principe qu'ils combattaient? Pourquoi donc Mirabeau laissait-il insérer dans la loi de 1791 le droit du propriétaire de fouiller son terrain jusqu'à la profondeur de cent pieds, et pourquoi n'osait-il pas contester au propriétaire de la surface un droit de préférence? C'est qu'il était lui-même emporté par la vérité des faits. Et pour justifier à ses yeux ces concessions, il créait cette incroyable théorie d'une dette envers la société, voulant se dissimuler ainsi la force d'un principe qu'il subissait en le combattant. Ainsi, les mines ne sont à personne; bien plus, elles sont à l'État, à l'État qui représente tout le monde, et qui de tous les propriétaires est celui qui a le plus de droits au respect. Et l'on prétend que le propriétaire de la surface doit exploiter ce qui est à l'État, ce qui ne lui appartient pas ! Quand, pour justifier une théorie, on descend à de pareilles subtilités, on peut dire qu'une cause est jugée, et qu'un principe qu'on n'appuie que sur de semblables arguties n'en est pas un.

83 *bis*. Pour nous résumer, nous répétons que les principes de la loi de 1810, sortis d'une discussion lumineuse, sont ceux-ci : La propriété du sous-sol appartient au propriétaire de la surface; mais lorsque les matières qui sont enfouies dans son terrain sont utiles à la société, lorsque leur extraction exige des frais d'exploitation considérables, lorsque la disposition que la nature leur a donnée dans la terre, exige qu'on réunisse dans la même main une étendue énorme du sous-sol, il doit souffrir une expropriation pour cause d'utilité publique; mais, conformément aux principes de l'équité et du droit, il doit recevoir une indemnité fixée, soit par des conventions, soit par la loi elle-même.

84. La redevance est donc fondée sur un droit de propriété reconnu au superficiaire; mais quelle est sa base? Il y a à cet égard deux articles contradictoires dans la loi de 1810. L'article 6 porte que le superficiaire a droit à une redevance sur le produit; l'art. 42 dispose, que cette redevance doit être fixée à une somme déterminée, par rapport au terrain, et par chaque hectare (1). Quelle opinion doit-on admettre?

____

(1) Locré, t. IX, p. 238.

La difficulté n'est qu'apparente; la diversité des circonstances peut rendre plus ou moins avantageux, plus ou moins équitable, l'un ou l'autre mode; ainsi, si l'étendue de la concession est considérable et que le concessionnaire craigne que ses terrains soient longtemps sans être exploités, il aura un intérêt sensible à obtenir la redevance fixe par hectare. En effet, s'il y a lieu à redevance fixe, elle sera payée pendant tout le temps que la mine sera exploitée; si, au contraire, la redevance est basée sur le produit de la mine, elle ne sera payée que tant que durera l'exploitation sous le terrain, et elle ne sera due ni avant ni après. Si le concessionnaire espère retirer des produits considérables de la mine, il préférera être astreint à une redevance fixe. De là des contestations pour fixer le mode de la perception et la quotité de la redevance; c'est sur elles qu'aura à donner son avis le conseil de préfecture; il devra prendre pour guide, en pareille matière, les usages locaux (1).

85. Si la redevance a été réglée sur le produit, elle n'est due qu'au propriétaire sous le fonds duquel on exploite; lorsque toute la substance est extraite, ou que le concessionnaire n'a pas encore poussé ses travaux jusqu'au terrain du superficiaire, celui-ci ne peut rien réclamer; mais on comprend à quels abus, de la part du concessionnaire, peuvent donner lieu ces dispositions.

Supposez, en effet, qu'il cesse d'exploiter un ter-

(1) Ordonnance de concession, 12 octobre 1814.

rain avant qu'il soit complétement épuisé, pour favoriser un autre superficiaire, ou qu'il refuse d'exploiter un terrain, parce que le propriétaire de ce terrain n'a pas voulu lui accorder le dégrèvement d'une partie de la redevance, tandis qu'il a été consenti par un propriétaire voisin dans le but d'attirer l'exploitation sous ses terres au préjudice des autres superficiaires.

Toutes ces questions sont des plus délicates, car, d'un côté, il ne peut pas dépendre du concessionnaire de faire perdre au propriétaire de la surface l'unique indemnité qu'il a reçue pour la perte de la propriété du tréfonds ; d'autre part, il est contraire aux principes de la loi de 1810, comme nous le verrons plus loin, d'entraver en rien la liberté d'exploitation. Cependant, comme le superficiaire tient son droit de la concession ou d'un contrat, que partant il peut en demander l'exécution de bonne foi, nous pensons que dans les cas où le propriétaire de la mine aurait cessé l'exploitation du sous-sol, ou ne l'aurait pas entamée, uniquement pour éviter de payer la redevance, ce qui serait établi par une expertise faite dans les formes que nous indiquerons plus loin, les tribunaux devraient faire droit à la demande adressée par le propriétaire de la surface (1).

86. Lorsque la redevance sera proportionnelle, elle pourra consister soit en une somme d'argent, soit en une partie de la matière extraite. La loi laisse à cet égard toute liberté aux conventions particulières, et, à

(1) *V.* art. 11, clause générale des concessions de la Loire.

9

leur défaut, c'est l'administration qui est chargée de régler ce point dans le cahier des charges. L'un des inconvénients de la redevance proportionnelle, c'est de créer une sorte d'association forcée entre le superficiaire et le concessionnaire. En effet, pour savoir s'il n'est pas frustré, le superficiaire aura nécessairement le droit de s'immiscer dans les affaires de l'exploitant ; c'est là un grave reproche à adresser à ce système, il faillit même l'empêcher de passer dans la loi.

La redevance fixe ne présente pas le même inconvénient, mais elle en présente d'autres non moins graves ; lorsque l'on commence l'exploitation d'une mine, on ne sait pas encore quel résultat elle donnera ; or, comme la redevance doit être fixée avant que l'exploitation ne soit commencée, il en résulte qu'on est, quant à la quotité à lui donner, entre un double danger ; car, si on la porte à un taux assez élevé, on court risque de grever l'exploitation de la mine d'une charge, qu'elle ne peut pas supporter ; si, au contraire, on lui fixe un chiffre peu élevé, on rend réellement illusoire l'indemnité promise au propriétaire de la surface.

Ajoutons, comme observation pratique, que c'est toujours l'intérêt de ce dernier que l'administration sacrifie de préférence, et qu'on pourrait citer de nombreux actes de concession où la redevance a été fixée à un franc par hectare, et qu'on a même vu ce taux descendre jusqu'à 25 centimes et 10 centimes par hectare, c'est-à-dire à une quotité si minime, que la redevance n'était même plus réclamée faute par les superficiaires d'avoir un intérêt à le faire.

On a conclu de là que l'administration avait une tendance bien marquée à éluder autant qu'il était en elle (1) les dispositions de la loi de 1810, qui blesse toutes ses prétentions; nous reviendrons sur cet important sujet. Pour éviter ces inconvénients, la loi belge a appliqué aux particuliers le système des redevances, tel qu'il a été organisé pour l'état, c'est-à-dire qu'elle a donné droit au superficiaire à une redevance fixe et à une redevance proportionnelle (2).

87. Quoi qu'il en soit de la quotité de la redevance, ses effets dans le droit civil seront toujours les mêmes; mais avant de les exposer, il nous reste une question préjudicielle à vider. La redevance est donnée au superficiaire, comme indemnité du tréfonds dont il est dépouillé; constitue-t-elle le prix d'une vente? La question est importante, car si la redevance constitue le prix d'une aliénation, elle sera garantie par un privilége sur la mine conformément à l'art. 2103 du code Napoléon rapproché de l'art. 21 de la loi de 1810, sans que l'on puisse arguer, pour combattre le système, de l'art. 17 de la même loi. En effet, si ce dernier article porte que la concession purge tous les droits du propriétaire sur la mine, on n'en pourrait conclure qu'il rend dans tous les cas impossible l'existence au profit du superficiaire d'un droit réel sur la

(1) Delbecque, n° 207.
(2) Loi belge, 2 mai 1837,

9.

mine; mais la fin de l'article va nous montrer qu'il n'a pas la portée que nous lui supposons en ce moment; sur la même ligne que le superficiaire la loi met l'inventeur; or, si le superficiaire ne peut pas avoir un droit réel sur la mine, nous en concluons que l'inventeur, mis par la loi sur le même rang que lui, est également incapable d'avoir un droit réel; l'article 20 de la même loi vient donner à cette supposition un éclatant démenti en déclarant que la mine peut être affectée par privilége à l'inventeur; nous reviendrons plus loin sur cette disposition.

L'art. 17 n'est donc pas un obstacle à ce que l'on reconnaisse au profit du superficiaire un privilége; s'il est un vendeur, la question présente encore un deuxième intérêt; si le superficiaire est un vendeur, la fixation de la redevance équivaut à une aliénation et la régie de l'enregistrement a droit de percevoir le droit fixé au cas de vente immobilière. La question s'est présentée sous cette dernière forme devant les Tribunaux, qui se sont prononcés négativement (1).

Mais s'il en est ainsi, à quel acte du droit civil faut-il donc assimiler cette constitution de la redevance? On est généralement d'accord pour la considérer comme la constitution d'une rente foncière (2), et nous verrons que ce n'est pas ici le seul cas où la vérité de cette assimilation soit constatée, puisque la redevance est assimilée à la rente foncière; il n'en

____

(1) Cassation, 26 mai 1834.
(2) Proudhon, Dom. priv. n° 779 in fine.

reste pas moins évident que le superficiaire sera
garanti par un privilége, puisque les rentes foncières
jouissent de cette prérogative. Ce n'est donc que
quant au droit d'enregistrement qu'il importera de
déclarer que la constitution de la redevance n'est pas
une vente.

88. Du reste, ce n'est pas le caractère de la rente
foncière, telle qu'elle a été constituée dans le code,
qu'emprunte la redevance (1), en effet, depuis que la
rente a été mobilisée elle n'est plus qu'une créance et
elle a perdu le caractère de droit réel (2). C'est de la
rente foncière, telle qu'elle était établie dans l'ancien
droit, que se rapproche la redevance; elle est due par
la mine, quel que soit le propriétaire qui l'exploite,
elle ne forme pas une obligation personnelle au concessionnaire (3). Entre les mains du superficiaire elle
forme un droit immobilier, c'est le corollaire de
notre proposition précédente qu'elle était un droit
réel, l'art. 7 de la loi de 1810 ne nous laisse aucun
doute à cet égard, il se charge même de nous
en développer les conséquences. Ce droit est susceptible d'être détaché du fond et vendu séparément;
nous allons étudier ses effets quand il reste attaché
au fonds et quand il en est séparé.

89. La redevance est dans le patrimoine du superficiaire la représentation complète du tréfonds qui
est sorti de ses mains, d'un autre côté, la concession

(1) Proudhon, Dom. priv., n° 780.
(2) Toullier, t. III, n° 102.
(3) Proudhon, Dom. de la prop., n° 779. Locré, t. IX, p. 427.

purge tous les droits du superficiaire sur la mine, il en résulte que ses créanciers hypothécaires et privilégiés n'ont aucun droit de suite sur la mine, mais leur hypothèque frappe la redevance entre les mains du débiteur; il va de soi, du reste, que la redevance une fois perçue devient mobilière, et que, comme les fruits, elle n'est réellement immobilisée que par la saisie. Ainsi, par le fait même de la concession, et sans qu'il soit pour les créanciers besoin d'une nouvelle inscription, le droit qu'ils avaient à toutes les parties du fond est anéanti en ce qui concerne la mine et remplacé par une hypothèque sur la redevance. Nous avons maintenant à concilier les principes du code Napoléon avec la loi de 1810, à l'égard de l'usufruit et du contrat de mariage. En effet, lorsque les articles 598 et 1403 ont été rédigés, la loi de 1791 était encore en vigueur, et soumettait les droits du propriétaire de la surface à des règles toutes différentes de celles qui nous régissent aujourd'hui, sans parler des effets du droit de préférence, dont nous avons déjà indiqué la disparition dans la loi de 1810; il y avait le droit du superficiaire d'exploiter les mines jusqu'à cent pieds de profondeur, il y avait de plus un système tout différent sur les effets de la concession, c'est d'après ces principes que la loi de 1804 fut faite.

En matière d'usufruit une distinction devait être faite; si la mine était ouverte avant l'usufruit, l'usufruitier en jouissait; si la mine n'était ouverte qu'après l'usufruit, il n'avait aucun droit à en percevoir les produits; pour les droits de la communauté sur les biens des époux ils étaient à peu près analogues avec cette seule différence, que la communauté profitait des produits extraits des mines ouvertes après le mariage, à charge de récompense au profit de l'époux propriétaire du fonds au moment de la dissolution de la communauté; cette législation était satisfaisante, car de deux choses l'une, ou le propriétaire usant du droit de préférence consacré à son profit par la législation de l'époque, était concessionnaire et continuait à être propriétaire temporaire de la mine, ou la concession était accordée à un autre et le superficiaire perdait sur elle toute espèce de droit; dans ce deuxième cas, il était bien inutile de s'occuper de la mine, dans le premier on avait décidé qu'il était conforme aux principes de l'usufruit d'autoriser l'usufruitier ou la communauté à exercer un mode de jouissance semblable à celui dont usait le propriétaire et à lui en laisser les profits.

Là devaient s'arrêter les dispositions favorables à son égard et l'on ne devait, en aucun cas, autoriser l'usufruitier à user d'un mode de jouissance que compromet le fonds même du terrain, lorsque le propriétaire n'en avait pas donné l'exemple, c'eût été violer les principes de l'usufruit (*salvâ rerum substantiâ*).

Les mêmes observations s'appliquaient à la communauté, avec les différences dictées par la nature même des choses, tout objet mobilier fongible tombe nécessairement dans la communauté, sauf récompense ou indemnité. Voilà quels étaient les principes que la loi de 1791, alors en vigueur, avait fait insérer dans le Code Napoléon.

90. Comment allons-nous les concilier avec la loi de 1810? Il faut partir de cette double idée : 1° que la concession a pour effet de créer une propriété de la mine indépendante, n'ayant plus aucun rapport avec la surface. Cette idée, que nous n'avons pas encore démontrée, mais que nous posons comme incontestable, doit être tout d'abord acceptée comme telle, à charge par nous de l'établir postérieurement. L'admission de ce point est nécessaire pour l'intelligence de notre système. La deuxième idée que nous invoquons et dont nous avons prouvé la vérité, c'est que dans le patrimoine du superficiaire la propriété du tréfonds est uniquement et complètement représentée par la redevance. Ces deux points admis, l'application de nos deux articles aux principes nouveaux de la loi de 1810 est toute simple. S'agit-il d'un usufruit, la mine était-elle ouverte avant la constitution de l'usufruit, l'usufruitier jouira de la redevance. L'ouverture de la mine n'a-t-elle au contraire eu lieu que postérieurement à la constitution de son titre, la redevance appartiendra au nu-propriétaire. Mais il n'est pas douteux que la disposition qui accorderait à l'usufruitier le droit de jouir de la redevance, au cas où une mine serait découverte sur le fonds, ne fût parfaitement valable. La solution sera la même pour la communauté si la mine est concédée avant le mariage. La communauté profitera de la redevance sans récompense, elle en devra une, au contraire, si la mine

a été concédée apès le mariage. Ce système s'applique à tous les cas.

91. La question ne pourrait être douteuse que dans une unique hypothèse, si la concession était obtenue par le propriétaire lui-même. Voici, en effet, la double objection qu'on pourrait nous présenter : 1° le système que nous venons de soutenir était admissible lorsque la concession était accordée à un autre que le superficiaire, car dans le silence de la loi civile il fallait bien indiquer ce que deviendrait la redevance dans le cas d'usufruit ou de communauté matrimoniale; la redevance n'existait pas quand on a rédigé le Code Napoléon, il n'a donc pas pu s'en occuper. Mais là s'arrête le droit de l'interprète. Lorsque le propriétaire de la surface est également propriétaire de la mine, on rentre incontestablement dans l'hypothèse spécialement prévue par la loi, et la loi doit être appliquée au cas où il est possible de l'appliquer; 2° lorsque la concession sera accordée au superficiaire, il n'y aura pas de redevance due et partant impossibilité d'en payer une à l'usufruitier.

Il est facile de répondre sur ces deux points : 1° la loi de 1810, survenue après le Code civil, a modifié les principes qui y étaient posés : *posteriora prioribus derogant.* Or, s'il est constant que la loi de 1810, et nous supposons toujours cela prouvé, a fait des mines des propriétés distinctes de la surface, quel que soit leur concessionnaire, il y aurait violation flagrante de la loi de 1810 à vouloir appliquer aux mines une disposition qui les considère comme une dépendance de la surface, et lorsque deux dispositions se contrarient, il est de principe que la loi la plus ancienne est considérée comme implicitement abrogée par la plus récente; 2° quant à la deuxième objection, elle n'est guère plus gênante que la première; n'est-il pas nécessaire, et cela est d'ailleurs reconnu et exécuté dans la pratique, que la redevance soit toujours fixée, sauf à n'être pas payée, quel que soit le concessionnaire, qu'il s'agisse ou non du propriétaire de la surface. Eh bien, si la concession a lieu au profit du superficiaire et qu'il lègue l'usufruit de cette surface, son héritier paiera à l'usufruitier la redevance telle qu'elle aura été fixée par l'acte de concession (1).

92. Et ne croyons pas que cette nécessité de fixer en tous cas la redevance même, quand elle ne doit pas être payée, soit inventée pour les besoins de la cause, nous allons montrer d'autres cas où cette opération est non moins indispensable. Supposez, en effet, que le concessionnaire, propriétaire de la surface, veuille plus tard aliéner la mine, faudra-t-il dire qu'il a en même temps aliéné son droit à la redevance? Évidemment, non. Ce droit réel de la redevance un moment suspendu par la réunion des deux immeubles dans la même main, suspendu comme la servitude entre deux héritages, qui renaît quand les deux immeubles cessent d'appartenir au même propriétaire, cette redevance ne sera pas comprise dans

____

(1) Loi du 21 avril 1810, art. 10.

la cession de la mine ; il faut donc qu'elle soit fixée. Autre exemple : les créanciers hypothécaires sont dépouillés de leur droit sur le tréfonds par la concession, et ce droit est remplacé par un droit de préférence et de suite sur la redevance. Se verront-ils privés de leur droit parce que la concession a été octroyée au propriétaire de la surface ? ce serait aussi absurde qu'inique. N'est-il pas encore nécessaire ici de fixer la redevance même quand le concessionnaire est propriétaire de la surface (1). Le donataire obligé au rapport a un droit analogue à celui de l'usufruitier ; on en a tiré cette conséquence, qu'il ne profiterait de la redevance qu'autant que la mine aurait été ouverte avant la donation. Cette règle paraît rigoureuse.

Toutes ces distinctions nous prouvent combien il est utile de déterminer à quel instant la mine est ouverte. Nous croyons qu'il faut la considérer comme ouverte dès que son existence est régulièrement constatée, car, dès lors, le droit du propriétaire de la surface, quoique non encore réglé, a une existence patente. Il est donc, dès lors, susceptible d'être transmis, sauf à être liquidé plus tard.

93. La redevance constitue un droit susceptible d'être détaché (2) de la surface ; le superficiaire peut l'aliéner, sauf le droit de ses créanciers hypothécaires et chirographaires de s'opposer à cette aliénation dans les termes des articles 2131 et 1167 (3) du code

(1) Loi du 21 avril 1810, art. 18.
(2) Locré, t. IX, p. 447.
(3) Locré, loc. cit.

Napoléon. Une fois que la redevance a été aliénée, elle forme entre les mains de son acquéreur un immeuble distinct, susceptible d'être cédé, d'être donné en usufruit, d'être hypothéqué; en effet, l'art. 2118 considère comme susceptibles d'hypothèques les biens immobiliers qui sont dans le commerce, ou plutôt ceux qui sont susceptibles de saisie immobilière, or, rien ne s'oppose à ce que la redevance soit saisie et vendue, car elle n'est pas inhérente au fonds comme la servitude; elle a une existence séparée. De même que la redevance est susceptible d'être aliénée séparément, de même le superficiaire peut aliéner le fonds en se réservant la redevance; mais cette réserve devrait-elle être présumée devant le silence de l'acte? Nous croyons qu'il ne faut pas hésiter à se prononcer pour la négative : la redevance peut être réservée comme l'usufruit du fonds, comme la propriété du tréfonds, convention qui était fréquente en Belgique, mais il est bien évident qu'il faut que cette réserve soit spécialement faite.

94. La redevance est à la charge de la mine, c'est un droit réel qui la grève, mais une fois le terme où elle doit être payée survenu, les arrérages ne forment plus qu'une dette mobilière divisible et qui est valablement payée au propriétaire apparent, sauf à lui à régler avec le véritable propriétaire. La question est assez difficile si le possesseur est de bonne foi; en effet, dans le cas surtout où la redevance est proportionnelle, elle a un caractère temporaire, qui fait douter qu'on doive la considérer comme un fruit,

cependant le possesseur de bonne foi ne doit pas compte des arrérages d'une rente viagère, qui ne sont pas davantage des fruits; nous pensons donc qu'on doit appliquer la même solution.

95. Le non-paiement de la redevance n'entraînerait pas, selon nous, la résolution de la concession (1); voici quels sont les motifs qui nous font adopter cette idée, la concession a bien les caractères d'un contrat, mais non d'un contrat passé entre le superficiaire et le concessionnaire, mais entre le concessionnaire et l'État, or, la résolution du contrat ne pourrait être demandée par le superficiaire, qui n'est que partie jointe au contrat, sans préjudicier aux intérêts de l'E-tat, partie principale. La seule voie ouverte au super-ficiaire, c'est la saisie immobilière, il est du reste uti-lement protégé par le privilége de l'art. 2103 que nous lui avons reconnu.

96. Rappelons en terminant que le droit à la rede-vance s'éteint par l'épuisement du minerai lorsqu'elle est proportionnelle, par la cessation de l'exploitation; dans tous les cas, il est donc fort utile que les super-ficiaires soient informés de l'abandon de la mine, aussi les concessionnaires sont-ils obligés de le leur notifier (2).

La redevance est susceptible d'être achetée, le con-cessionnaire peut, comme tout autre, s'en porter ac-

---

(1) Peyret l'Allier sur l'art. 6. Proudhon, Dom. privé, n° 779.

(1) Instruction du 3 août 1810. Circulaire du directeur général des mines, 1834, art. 21. Clauses de la concession générale des mines de la Loire.

quéreur; en ce cas elle est éteinte par confusion, le rachat est même assez fréquent dans la pratique. Le concessionnaire, surtout si la redevance est proportionnelle, évite ainsi l'immixtion dans ses affaires d'un étranger, et cette quasi-association forcée que la loi a créée entre lui et le propriétaire de la surface.

SECTION VI. — *De la propriété des mines après la concession (loi de 1810, art. 7, 8, 9, 17, 18, 19, 20, 21).*

97. La perpétuité des concessions a eu pour résultat de faire des mines des propriétés comme les autres biens. *Elle donne la propriété perpétuelle de la mine,* dit l'art. 7 de la loi du 21 avril 1810. L'introduction de ce principe dans la loi fut un de ceux qui rencontrèrent le plus d'obstacles, mais il triompha grâce à la puissante intervention de Napoléon. Voici comment il résume l'esprit général de la loi sur ce point... « *Du reste il y a un très-grand intérêt à* « *imprimer aux mines le cachet de la propriété si l'on* « *n'en jouissait que par concession; en donnant à ce mot* « *son acception ordinaire, il ne faudrait que rap-* « *porter le décret qui concède pour dépouiller les* « *exploitants, au lieu que si ce sont des propriétés,* « *elles deviennent inviolables. Napoléon lui-même,* « *avec les nombreuses armées qui sont à sa disposition,* « *ne pourrait néanmoins s'emparer d'un champ, car* « *violer le droit de propriété en un seul, c'est le* « *violer dans tous. Le secret était donc de faire des*

« *mines de véritables propriétés et de les rendre par*
« *là, sacrées dans le droit et dans le fait.*

« *On doit regarder les mines comme des choses qui*
« *ne sont point encore nées, qui n'existent* QU'AU MO-
« MENT OÙ ELLES SONT SÉPARÉES DE LA SURFACE, ET QUI,
« EN CE MOMENT MÊME, DEVIENNENT DES PROPRIÉTÉS
« PAR L'EFFET DE LA CONCESSION. *De ce moment, elles*
« *se confondent avec les autres propriétés. En un*
« *mot, Napoléon, pour satisfaire aux principes, re-*
« *connaît un droit acquis, dans le propriétaire de la*
« *surface, mais ce propriétaire ne peut pas exploiter*
« *le dessous sans une permission ; et, s'il n'use pas*
« *de la préférence* (1) *qui lui est due, on l'indemnise*
« *et l'on accorde la mine à un autre entre les mains*
« *duquel elles devient une propriété* (2). »

Que pourrions-nous ajouter à cet exposé de principes si clair et si complet.

98. La concession a donc pour effet de constituer
entre les mains du concessionnaire une propriété
nouvelle, indépendante de celle de la surface; c'est,
suivant l'expression dont on s'est servi au conseil
d'État, une *propriété vierge*, que l'on donne au concessionnaire: en effet, nous nous souvenons que tous
les droits du propriétaire de la surface ont été purgés
au moyen de la redevance, redevance garantie, il est
vrai, par un privilége, mais dont l'importance n'est

(1) Nous avons dit que le droit de préférence n'avait pas été in-
séré dans la loi de 1810.
(2) Locré, t. IX, p. 343 et 344.

pas assez grande pour porter une atteinte sérieuse à notre principe. Ce n'est donc pas en ce sens, comme nous l'avons précédemment démontré, que doit être interprété l'article 17 de la loi du 21 avril 1810. « *L'acte de concession fait après l'accomplissement* « *de toutes les formalités purge en faveur du con-* « *cessionnaire tous les droits du propriétaire de la* « *surface de l'inventeur et de leurs ayants cause.* » A l'égard du propriétaire de la surface, tant que la concession n'a pas séparé la propriété de la mine de celle de son fonds, elle est, aux termes de l'art. 552 du code Napoléon, dans son patrimoine et par conséquent, comme ses autres biens, elle forme le gage de ses créanciers, et même si le fonds a été grevé d'hypothèques, en vertu du principe de l'indivisibilité de l'hypothèque qui frappe toutes les parties de l'immeuble, qui lui est affecté, le tréfonds est comme le fonds lui-même, le gage du créancier hypothécaire, c'est donc des conséquences du droit de suite accordé aux créanciers hypothécaires et privilégiés, et des suites de l'action révocatoire, qui appartient à tous les créanciers, aux termes de l'art. 1167, code Napoléon, que l'article 17 de la loi du 21 avril 1810 veut garantir le concessionnaire. Cela est rendu encore plus évident par l'expression toute spéciale dont la loi fait usage; le mot *purge,* qui se trouve dans notre article, vient encore confirmer ce que nous venons d'avancer. Il faut voir une autre pensée dans la disposition de l'art. 17 de la loi de 1810, il exprime aussi que par l'obtention de la concession par un autre, le superficiaire et l'inventeur sont déchus de tout droit sur la mine; il faut entendre cela avec réserve. En effet, le droit de préférence n'existe dans la loi de 1810, ni au profit du superficiaire, ni au profit de l'inventeur, mais nous avons déjà dit que l'administration devait tenir grand compte de ces deux faits, et que toutes autres choses étant égales, le superficiaire, et à son défaut l'inventeur, devaient être préférés; on ne peut nier qu'il y ait là un droit de préférence tacite.

98 *bis*. Cette distinction de la propriété de la mine et de la surface a lieu, même quand le concessionnaire est propriétaire de la surface. La mine constitue entre ses mains une propriété nouvelle (loi de 1810, art. 20), purgée de tous les droits de ses créanciers hypothécaires, et qui doit être considérée comme un bien nouveau entrant dans son patrimoine; toutefois, comme vis-à-vis de ses créanciers hypothécaires, l'aliénation du tréfonds doit recevoir une compensation dans l'immeuble hypothéqué, même dans ce cas, la redevance due par la mine à la superficie doit être réglée, et l'hypothèque des créanciers du superficiaire est transportée de la partie du fonds qui leur est enlevée sur la redevance. Nous avons indiqué précédemment d'autres hypothèses où il était également indispensable que la redevance fût fixée, même quand la concession était accordée au superficiaire.

Ceci admis que la mine forme une propriété, nous devons rechercher quelle est sa nature et quels sont les droits du propriétaire sur elle? Les mines sont immeubles, dit l'art. 8 de la loi de 1810, et en vérité, si le législateur n'avait pas pris la peine de le dire, nous croyons que personne n'eût invoqué le silence de la loi pour classer les mines parmi les meubles. Nous en concluons que la proposition est aussi certaine en fait qu'en droit. Sont aussi immeubles, les bâtiments, machines, puits, galeries, établis à perpétuelle demeure, le tout conformément à l'art. 524 du code Napoléon. Ceci est encore une application pure et simple des principes généraux.

En dirons-nous autant de la disposition suivante, qui classe aussi parmi les immeubles par destination, les chevaux, agrès, outils et ustensiles servant à l'exploitation ? Arrêtons-nous un moment à cette disposition. Doit-elle être interprétée comme la règle analogue que nous rencontrons dans le code Napoléon ? L'art. 524 considère comme immeubles tous les objets que le propriétaire a attachés au fonds à perpétuelle demeure, mais c'est une condition essentielle à leur immobilisation, qu'ils aient été attachés par le propriétaire; devons-nous également exiger cette condition pour reconnaître les outils, etc., des mines comme immeubles? En d'autres termes, dans le cas où l'exploitation de la mine aurait été affermée, les objets appartenant à l'exploitant non propriétaire seront-ils considérés comme immeubles, si leur nomenclature les fait rentrer dans le 3° de l'art. 8 de la loi de 1810? L'affirmation nous paraît seule soutenable, et un examen attentif de l'article va nous le démontrer. Remarquez, en effet, que le 2° de l'article contient un renvoi à l'art. 524, qui n'est pas reproduit dans le 3°, et cependant c'est dans ce même art. 524 du code Napoléon que se trouve la règle dont nous cherchons si l'application doit être faite à notre matière. Nous croyons donc pouvoir conclure de ce silence de la loi, que le législateur n'a pas voulu distinguer et que, quel que fût le propriétaire des objets servant à l'exploitation de la mine, il a voulu les faire jouir du bénéfice de l'immobilisation ; cette distinction est des plus raisonnables, il ne faut jamais perdre de vue, en étudiant la loi sur les mines, qu'il y a au fond de toutes les dispositions un motif d'ordre public.

Nous savons que deux des principaux effets de l'immobilisation des objets mobiliers de leur nature. est de les soustraire, d'une part, aux règles de la saisie mobilière, pour les soumettre aux formes beaucoup plus compliquées de la saisie immobilière, et, en second lieu, que cette immobilisation a pour effet de les affecter au privilège établi ou à l'hypothèque constituée sur le fonds auquel ils sont attachés. Or, ce sont ces deux résultats qu'il importait au législateur d'atteindre, car par l'affectation aux priviléges et hypothèques, il donnait une sûreté plus efficace aux bailleurs de fonds, que l'on tend toujours à attirer vers l'exploitation des mines, et par la substitution des formes de la saisie immobilière aux formes de la saisie mobilière, on empêchait les exploitations de mines d'être aisément arrêtées (1). Ce dernier

(1) Locré, t. IX, p. 461 et 515.

10.

avantage a surtout touché le législateur, car nous le voyons limiter la règle aux objets attachés réellement à l'exploitation de la mine, et ne vouloir pas faire considérer comme immeubles les chevaux occupés aux transports extérieurs, dont la saisie n'entraînerait pas directement la suspension de l'exploitation; nous croyons que ces chevaux ne tomberaient pas non plus sous l'application de l'article 524 et ne seraient pas considérés comme immeubles, quand même ils appartiendraient au propriétaire de la mine, puisque la loi interdit de les considérer comme attachés à l'exploitation.

99. Sont meubles : les matières extraites; les mines étant des immeubles, les produits qu'on en retire doivent être assimilés aux fruits, et par conséquent être considérés comme meubles, aucun motif n'autorise à changer le caractère qui leur est propre; mais il n'en est pas de même, à notre avis, de la deuxième disposition de l'article 9, qui déclare meubles les approvisionnements : elle est contraire à l'esprit général de la loi, contraire à l'esprit du code Napoléon; et nous dirons plus, elle est dangereuse. Qu'entend-on par approvisionnements? L'idée qui se présente tout naturellement à l'esprit est celle-ci : L'épuisement des mines demande des machines considérables qui marchent au moyen de la vapeur, et l'exploitation doit être approvisionnée de combustible. Que ce soit là ou non les principaux approvisionnements, il est certain que le combustible réservé à cet usage y est compris; eh bien ! nous le deman-

dons, est-il prudent, est-il conforme à l'esprit de la loi de 1810 de faciliter la saisie sur des objets de cette nature, dont la privation peut entraîner la perte de la mine, qui, n'étant plus épuisée, est envahie par les eaux, ou qui, ne recevant plus l'air atmosphérique que devaient lui envoyer de puissants ventilateurs, se remplit de gaz méphitiques, et peut occasionner les plus graves accidents?

Il nous semble, qu'à la place du législateur, nous eussions non-seulement immobilisé les approvisionnements de cette nature, mais que nous les aurions même rendus insaisissables; le législateur ne tombait pas dans une semblable erreur, lorsque, dans l'article 524 du code Napoléon, il immobilisait les pailles, les engrais et les semences, afin de ne pas permettre à un créancier inintelligent de ruiner une exploitation agricole. Quant aux autres objets mobiliers que la loi déclare meubles, la disposition est assez obscure, et il est assez difficile de déterminer quelle est la pensée de la loi; cela s'applique sans doute aux ustensiles de transports extérieurs, aux outils qui servent à charger et autres objets analogues.

100. Les mines sont des immeubles, mais ce sont des immeubles d'une valeur si considérable qu'il est rare qu'elles appartiennent à un seul particulier; généralement elles appartiennent à des sociétés ou à plusieurs personnes réunies. Les actions, dans les sociétés de mines, sont, conformément à l'art. 529 du code Napoléon, classées parmi les meubles; il en est

de même ,de la part de copropriété qu'a un communiste dans une mine; c'est ce qui résulte évidemment de la rédaction de l'art. 8. En effet, non-seulement le caractère mobilier est imprimé aux actions et intérêts dans les sociétés, mais aussi dans les *entreprises* pour l'exploitation des mines; ce n'est pas là , du reste, une disposition difficile à justifier, et s'il est quelquefois important de considérer les actions dans les sociétés comme des effets mobiliers, cela n'est jamais plus nécessaire que quand il s'agit de mines.

Ce sont deux points reconnus que les sociétés pour l'exploitation des mines, à moins de convention contraire, ne se dissolvent pas comme les autres sociétés, mais qu'elles ont autant de durée que la mine elle-même; que partant, comme le fait judicieusement remarquer un auteur, puisque leur dissolution n'a lieu que lorsque la mine n'existe plus, les sociétaires ne sont véritablement pas propriétaires d'un immeuble; on ne doit donc pas hésiter à considérer les actions comme des meubles. Le second point que nous avons dit être universellement reconnu, c'est que, lorsque la mine appartient à plusieurs personnes, elle n'est véritablement pas une chose *indivise* tombant sous l'application de l'art. 815 du code Napoléon (1), mais, ce qui est bien différent, elle est une chose in-divisible (2). Il était donc important d'ouvrir au co-propriétaire, qui ne veut pas rester en communauté

(1) Loi du 21 avril 1810, art. 7.
(2) Cotelle, D. adm., t. II, p. 233.

avec ses copropriétaires, un moyen facile de sortir de l'indivision, autre que la voie de la licitation , puisqu'elle lui est interdite. C'est précisément ce qu'a fait l'art. 8 de la loi de 1810, en plaçant parmi les effets mobiliers, les intérêts, ou, pour mieux dire, la copropriété dans une mine ; elle en a rendu la vente plus facile.

Remarquons seulement que cette indivisibilité de la mine ne s'appliquerait pas à la convention par laquelle des héritiers auraient laissé indivis entre eux le tréfonds d'immeubles qu'ils se seraient partagés ; cettte convention serait régie par l'art. 815 du code Napoléon, car la propriété du tréfonds ne donne droit qu'à la perception de la redevance, qui n'a rien d'indivisible.

101. Nous avons vu jusqu'ici que les mines étaient des biens immobiliers ; nous avons à examiner maintenant quels sont les droits qu'on peut avoir sur elles. La propriété, le droit le plus étendu de tous , comprend la jouissance (*usus et fructus*) et la disposition (*abusus*). Le propriétaire a ces deux droits sur la mine ; le premier, aussi semblable au droit qu'on peut avoir sur les autres biens que le permet la nature des choses ; le second, avec certaines restrictions imposées dans l'intérêt général.

Le propriétaire a la jouissance de la mine, en ce sens qu'il a la libre disposition des produits qu'il en tire (1), qu'il peut adopter tel mode d'exploitation

(1) *V.* cependant pour les mines de fer l'art. 70 de la loi du 21 avril 1810.

qui lui convient, en se soumettant toutefois aux règles de police et de surveillance que nous développerons plus tard.

Le louage est un mode de jouissance. Le propriétaire de la mine peut-il la louer? Peu de questions peuvent donner lieu à autant de controverse que la nôtre. Voyons d'abord quel est son intérêt : si le propriétaire cède le droit d'extraire dans la totalité de la mine, que ce contrat forme un louage ou une aliénation, il est parfaitement licite ; cela ne peut faire de doute dans l'opinion de ceux qui croient que l'État n'intervient dans l'aliénation de la mine, que lorsque cette aliénation est partielle, et nous essaierons bientôt de démontrer que cette opinion est seule admissible; c'est à l'égard d'un louage partiel que la question prend toute sa gravité. En effet si, comme on le dit, le louage est une aliénation, le louage partiel est une aliénation partielle, et, partant, tombe sous l'application de l'art. 7 de la loi de 1810, qui interdit tout partage de la mine sans l'autorisation du gouvernement. Sur quoi est fondée cette prétention que le louage est une aliénation ? C'est qu'à vrai dire, le produit des mines ne constitue pas un fruit, le minerai qu'on tire de la mine, c'est le fonds même qu'on détruit; il manque au minerai la première condition pour former ce que la loi nomme un fruit, c'est le renouvellement périodique.

Cette doctrine, un peu subtile, est-elle bien dans l'esprit de la loi? Il est permis d'en douter. D'abord elle a été imaginée pour remédier à un abus. La

vente partielle des mines étant interdite, les concessionnaires échappaient à cette obligation par des amodiations à long terme; il était défendu de vendre une
portion de la concession; mais il n'était pas défendu
de la louer, on faisait un contrat d'amodiation devant durer quatre-vingt-dix ans, et ainsi on éludait
la loi; il est certain qu'il y avait là un abus, et le
système que nous venons d'indiquer fut trouvé pour
y remédier. Cependant, comme nous l'avons déjà dit,
il est difficile de le concilier avec les principes généraux de nos lois. L'usufruit n'est que le droit de percevoir les fruits; cependant l'art. 598 du code Napoléon n'autorise-t-il pas l'usufruitier à percevoir le
produit des mines et des carrières; n'en est-il pas de
même de l'art. 1403, code Napoléon? On objecte que
c'est là une faveur faite à l'usufruitier et fondée sur
la volonté du constituant; que la preuve évidente que
les produits de la mine ne sont pas un fruit, se trouve
précisément dans les articles précités, puisque la loi,
qui accorde à l'usufruitier tous les fruits, ainsi qu'à
la communauté, stipule formellement que le premier
ne jouira pas des produits des mines ouvertes postérieurement à la constitution de l'usufruit, et que la
seconde ne jouira de ces produits que sauf récompense
à payer à l'époux (1). On répond à cela que tel n'est
pas le motif de la loi; que le but de sa disposition est

(1) Nous faisons observer que nous prenons le système organisé
par les art. 598 et 1403 du code Napoléon, sans tenir compte des
modifications apportées par la loi de 1810. Mais le raisonnement
est le même en substituant le mot redevance au mot produit de la

simplement d'interdire à l'usufruitier un mode de jouissance qui nuirait au propriétaire, de ne pas lui permettre de faire un bénéfice qui porte préjudice à ce dernier par un mode de jouissance sur lequel il n'a pas dû compter. Que, du reste, en matière d'usufruit, l'on considère très-bien comme fruits des revenus qui comprennent le fonds; tel est le produit des rentes viagères.

102. Quoi qu'il en soit, la loi de 1838, qui est le dernier monument législatif que nous ayons sur les mines, n'a pas cru devoir consacrer la doctrine qui prétend que le louage partiel est illicite, et cependant ces amodiations à termes prolongés ont vivement occupé le législateur de cette époque ; tous les inconvénients en ont été longuement développés dans les rapports qui ont précédé le vote de cette loi par les deux chambres législatives (1). Toutefois, on n'a pas voulu interdire le louage, mais on a soumis les concessionnaires à donner à leurs travaux une direction unique et coordonnée dans un intérêt commun (2). Cette disposition tend évidemment à faire disparaître les amodiations partielles ou tout au moins à leur enlever tout inconvénient. Néanmoins, comme le législateur appelé à se prononcer sur la question n'a pas formellement interdit les louages partiels, nous

mine ; nous avons dit en effet que la redevance, représentant la propriété du tréfonds, était soumise aux règles de l'art. 598 et 1403.

(1) Rapport de M. d'Argout à la Chambre des pairs et de M. Sauzet à la Chambre des députés.

(2) Art. 7, loi du 27 avril 1838.

ne croyons pas qu'on puisse contester aujourd'hui la validité d'un contrat de ce genre (1), pour peu qu'il ne viole pas les dispositions de la loi de 1838 (art. 7).

103. Le concessionnaire a le droit de disposer de la mine, c'est-à-dire de l'aliéner. Toutes les règles établies au code Napoléon sont en général applicables à la cession des mines ; il en est une cependant que tout le monde est d'accord pour ne pas appliquer : c'est la rescision pour lésion ; les produits des mines ont un caractère aléatoire qui ne permet pas de déterminer la lésion (2). A l'égard des aliénations, le propriétaire d'une mine est soumis à une certaine obligation ; s'il prétend faire une aliénation partielle, il doit obtenir l'autorisation préalable du gouvernement (3). Le motif de cette disposition est facile à saisir ; quelle est, en effet, la raison pour laquelle on a organisé le système des concessions ? C'est parce qu'on a été depuis longtemps convaincu que pour qu'une mine pût donner des résultats favorables, il était indispensable qu'une grande partie du sous-sol fût réunie dans la même main ; ces idées nous sont maintenant trop familières pour qu'il soit utile d'y insister. La disposition de l'art. 7 de la loi s'explique donc par la nécessité de ne pas détruire toute l'économie de la loi, en autorisant les ventes par lots; mais il ne faut pas aller plus loin, ni dire, comme on

(1) Cotelle, D. admin., t. II, p. 237.
(2) St-Etienne, 8 juin 1824.
(3) Loi du 21 avril 1810, art. 7.

l'a fait, que la propriété de la mine ne peut être jamais transférée sans l'autorisation du gouvernement (1). La règle cesserait d'être légitime, là où elle n'aurait plus de justes motifs d'existence, et on ne voit réellement pas pourquoi l'on entraverait la disposition de la mine. Dans ce cas, c'est là une confusion évidente avec la législation de 1791, où la concession était personnelle.

104. La même question se représente à propos de la transmissibilité de la mine, et on soutient que l'arrêté du Directoire exécutif, qui obligeait les donataires, légataires et héritiers à faire connaître leurs titres et à obtenir du Gouvernement une confirmation de la concession, est encore en vigueur (2). Quoi ! l'art. 7 de la loi de 1810 déclarerait les mines *disponibles et transmissibles comme les autres biens ;* plus loin, la loi mettrait comme restriction que s'il doit résulter de cette disponibilité ou de cette transmissibilité de la mine une aliénation partielle ou un partage, cette séparation de la mine, intéressant l'ordre public, ne pourra avoir lieu qu'avec l'assentiment du Gouvernement ; aucune autre disposition ne se trouve dans la loi, et on viendrait réveiller une législation passée pour changer le sens de nos articles (3)! En dehors des deux cas prévus, il faut appli-

(1) Proudhon, Dom. privé, n° 769.
(2) Arrêté du Directoire. V. 1re partie, chap. 3.
(3) Avis du conseil d'Etat, 21 août 1810. Annales des mines, t. xxvii, p. 483.

quer uniquement l'art. 7 de la loi de 1810, sans tenir aucun compte de la circulaire ministérielle qui exigeait la confirmation (1) du Gouvernement, à toute mutation. La demande en partage dans le cas où elle devra être faite, sera adressée au préfet, avec les plans de la mine, elle sera communiquée à l'ingénieur des mines, qui donnera son avis. Le préfet la fera parvenir, avec son avis, au ministre des travaux publics, et il sera statué au conseil d'État (2).

105. C'est encore parce que la mine est disponible que le propriétaire peut constituer sur elle des droits réels; ainsi la mine peut être donnée en usufruit, remarquez seulement qu'il ne s'agit plus ici d'un usufruit accessoire comme celui dont il est question dans l'art. 598 du code Napoléon; cependant, bien que le droit d'usufruit dont nous parlons ici soit tout à fait étranger à celui qui est prévu par l'art. précité, il est une disposition qui y est contenue, qu'on serait assez disposé à transporter à notre sujet, c'est celle qui ne permet à l'usufruitier de jouir de la mine qu'avec l'autorisation du Gouvernement; nous avons démontré plus haut combien ces dispositions conformes au système des concessions organisé par la loi de 1791, répugnaient à la loi de 1810; nous considérons donc celle-là comme abrogée (3). L'usufruitier d'une mine sera soumis aux mêmes obligations que l'usufruitier ordinaire. Mais qui serait forcé de supporter

(1) Instruction ministérielle du 3 août 1811.
(2) Même instruction.
(3) Marcadé , art. 598.

les grosses réparations lorsqu'elles sont nécessaires; par exemple, la taxe des travaux de desséchement (1)? On devrait appliquer l'art. 609 code Nap., ou l'usufruitier paierait la dépense et serait remboursé à la fin de l'usufruit, ou elle serait avancée par le nu-propriétaire, et l'usufruitier lui en paierait les intérêts tant que durerait l'usufruit. Code Nap., art. 609.

106. On peut aussi bien établir un droit d'usage sur une mine qu'un usufruit; quelle sera la portée d'un droit d'usage? On conçoit très-bien que le droit d'usage d'un fonds de terre consiste à fournir à l'usager les denrées nécessaires à sa subsistance ou que le droit d'usage sur une maison lui donne le droit d'y habiter avec sa famille; mais lorsque ce droit tombe sur une mine la question est plus délicate: un auteur a proposé d'interpréter ainsi le droit d'usage, s'il est établi sur une mine de houille; attendu que la houille est une chose usuelle, le droit d'usage permettra à l'usager de réclamer la quantité de charbon de terre nécessaire à son chauffage; si le droit est constitué sur une autre mine, il pourra exiger une quantité des produits suffisante pour satisfaire par sa vente à tous ses besoins. Cette distinction ne nous convient pas, elle est infiniment trop subtile et surtout trop arbitraire (2), nous préférons voir là, comme dans presque tous les cas de droit

(1) Loi du 27 avril 1838.
(2) Proudhon, n° 775. D. privé.

d'usage, une question de fait, d'interprétation de la volonté des parties dont on laissera l'appréciation aux tribunaux.

107. A l'égard du contrat de mariage, les mines sont soumises aux mêmes règles que les autres immeubles, nous mettons encore ici de côté les dispositions de l'art. 1403, code Napoléon, qui ainsi que celles contenues dans l'art. 598, code Napoléon, étant relatives aux mines considérées comme accessoires de la surface, ne s'appliquent plus qu'au droit de redevance attribué par la loi de 1810 au superficiaire(1). Ainsi nous disons que, si l'un des époux a la propriété d'une mine, avant le mariage la mine lui restera propre et que les produits tomberont dans la communauté sans récompense, conformément à ce que nous avons dit à propos de l'usufruit, et à ce qui existe en matière de communauté réduite aux acquêts par les arrérages d'une rente viagère, ou bien ainsi que cela est réglé pour les minières et carrières considérées comme accessoires du fonds, comme nous le verrons plus loin. Mais si l'époux n'a que des actions ou un intérêt dans une société ou une entreprise d'exploitation de mines ; et nous avons dit que la copropriété d'une mine suffisait à nos yeux pour former l'entreprise, cet intérêt et cette action, étant classés par l'art. 8, n° 4 de la loi de 1810, dans le mobilier, tomberont dans la communauté. Quant à la mine acquise pendant le mariage (et il ne s'agit pas,

(1) *V.* plus haut, section 1.

bien entendu, de celle découverte uniquement sur le fonds de l'un des époux, en ce cas, il ne s'agit que de régler la redevance), nous voulons parler de la mine qui est concédée à l'un des époux pendant le mariage, elle tombe dans la communauté, elle est un acquêt; car l'acquisition de la mine doit être considérée bien plutôt comme un produit de l'industrie de l'époux qui obtient la concession que comme une donation.

Nous ne pouvons, il est vrai, trouver là l'acquisition à titre onéreux, mais il nous est également impossible d'y reconnaître une acquisition à titre gratuit. C'est plutôt une acquisition par occupation. Quoi qu'il en soit, comme la règle générale est que les immeubles acquis pendant le mariage tombent en communauté, sauf exception (art. 1402, cod. Nap.), que nous ne sommes pas dans un cas d'exception, nous maintenons la règle générale. Si la concession a été accordée à l'époux propriétaire du fonds où elle est trouvée, la communauté à sa dissolution, lui devrait récompense jusqu'à concurrence de la redevance, qui doit toujours être fixée (1).

108. Rien ne s'oppose à l'existence, sur les mines, de servitudes; la loi leur en a même imposé plusieurs, telle que l'obligation de soutenir leurs galeries, de manière à empêcher l'écroulement des terres supérieures; c'est une sorte de servitude *oneris ferendi*. Elles peuvent également avoir des servitudes

(1) Loi de 1810, art. 19.

à leur profit sur la surface, il est même des choses que le superficiaire est obligé de supporter, sauf indemnité, l'écoulement des eaux pour le desséchement de la mine, ou bien la servitude de passage à laquelle a droit tout fonds enclavé. De même, si deux exploitations sont voisines, elles pourront être assujetties l'une envers l'autre à certaines servitudes à supporter par exemple l'écoulement des eaux ; mais ces rapports appartiennent plutôt aux règlements de police qu'au droit civil.

109. Nous devons maintenant envisager la mine comme servant dans le patrimoine de son propriétaire de garantie à ses créanciers. Elle est, comme tous ses autres biens, le gage commun de tous les créanciers (Cod. Nap. *art.* 2092) ; comme eux, aussi, elle est susceptible d'être affectée plus spécialement au paiement d'une dette par privilége ou hypothèque, ou même par simple antichrèse, rien dans la loi ne s'opposant à ce que le propriétaire d'une mine la donne en gage sous cette forme à son créancier ; bien entendu, ce droit n'aurait jamais pour effet que de donner au créancier un droit de rétention, conformément aux articles 2085 et suivants du Code Napoléon. La mine est également susceptible d'être affectée, par privilége, au paiement d'une créance ; nous avons déjà reconnu, dans notre opinion du moins, un privilége au superficiaire, pour le paiement de la redevance, qui représente pour lui le tréfonds ; la loi, plus formellement, reconnaît un privilége en faveur de celui qui a fourni les fonds pour

la recherche (Loi de 1810, *art.* 20); nous pensons même que ce privilége serait accordé à ceux qui auraient fourni des fonds pour désintéresser l'auteur des recherches (Code Nap., *art.* 2103, 5°), à charge par eux, de se soumettre aux dispositions de l'article dont ils tireraient leur droit. Cette opinion nous paraît du reste ressortir de l'article 20 de la loi de 1810 qui renvoie à l'article 2103 du Code Napoléon pour régler les conditions du privilége.

110. Une fois la concession accordée, la mine, comme tout autre immeuble, peut être donnée en hypothèque par son propriétaire, conformément aux règles du Code Napoléon sur la constitution d'hypothèques; voy. art. 21, loi de 1810. La seule question délicate était la conciliation de l'art. 17, loi de 1810, avec l'art. 20 de la même loi, qui déclare purgés les droits du propriétaire de la surface. On a vu quel sens nous prétendions donner à ces deux articles, et que nous admettions que, nonobstant les termes de l'art. 17, il existait un privilége tant en faveur du propriétaire de la surface pour la redevance, qu'au profit de l'inventeur pour ses dépenses. Voilà donc deux priviléges en présence. Dans le système de la loi, l'ordre des priviléges ne se règle pas sur leur ancienneté, mais sur la faveur; quel est le créancier qui devra être payé le premier? Nous pensons que la question doit être tranchée par une distinction. Le privilége des entrepreneurs de travaux sera préférable pour la plus-value qu'ils auront donnée à la mine; le privilége du superficiaire sera au contraire

préféré sur la valeur de la mine, étant détachée la plus-value donnée à la mine par les travaux. Nous dirons même qu'il faut aller plus loin, et, quoique cette règle soit sévère, qu'il ne faut reconnaître le privilége des entrepreneurs de travaux que s'ils se sont conformés au 4° de l'article 2103 (1), et le restreindre conformément aux dispositions de cet article.

La question est plus embarrassante si le privilége est fondé sur les travaux faits pour la recherche; l'explorateur heureux est le véritable premier créateur de la mine et semblerait devoir être préféré; cependant, nous croyons encore qu'on doit faire passer avant lui le superficiaire, et voici le raisonnement, il faut l'avouer un peu subtil, qui nous amène à ce résultat : il est incontestable que le tréfonds avait une valeur avant la découverte de la mine, que la valeur de ce tréfonds, indépendamment de la plus-value que lui a donnée la reconnaissance des gîtes minéraux, fait encore aujourd'hui partie de la valeur actuelle de la mine pour une partie minime, soit, mais enfin pour une partie quelconque; or, pour cette valeur, quel est le créateur dans le patrimoine du concessionnaire ? c'est, à n'en pas douter, le superficiaire; il doit donc avoir privilége, préférable à tout autre, sur cette valeur. Il ne s'agit donc plus que de la déterminer; il nous semble que c'est bien facile, puisque, comme prix de l'exprot

____

(1) Loi de 1810, art. 20.

11.

priation de ce tréfonds, le superficiaire reçoit une redevance, pour l'évaluation de laquelle on tient peu de compte de l'immense plus-value que le sous-sol a reçue par suite de la découverte de la mine; c'est donc que la valeur du tréfonds, indépendamment de la mine, est estimée valoir la redevance. De là nous tirons cette conclusion, que le propriétaire de la surface sera même préféré à l'inventeur de la mine pour le paiement de la redevance.

111. Lorsque le propriétaire de la surface devient concessionnaire de la mine, l'art. 17 (loi de 1810) n'en est pas moins appliqué, et les créanciers privilégiés, ou hypothécaires, qui avaient pour gage l'immeuble où est découverte la mine, voient leurs droits restreints à la redevance (1); mais, comme tous les autres propriétaires, il est soumis à la règle commune à l'égard des hypothèques générales; elles frappent l'immeuble au moment où il entre dans le patrimoine du débiteur. Ainsi, l'hypothèque du mineur, ou de la femme du superficiaire, s'étendrait non-seulement sur la redevance, mais également sur la mine, cela est parfaitement conforme aux principes généraux. Toutes les règles sur l'inscription, et la radiation des hypothèques sont communes aux mines et aux autres immeubles.

Puisque les mines sont susceptibles d'être hypothéquées, elles peuvent être saisies et vendues à la requête des créanciers, la loi même a pris soin de

(1) Loi de 1810, art.. 18. V. p. h.

nous le dire, c'est, en effet, dans le sens de saisie immobilière qu'il faut entendre les mots *expropriés* qui se trouvent dans l'art. 7 de notre loi, cette saisie aura lieu dans les formes prescrites au Code de procédure civile, et les créanciers seront colloqués d'après les règles du Code Napoléon (1).

112. On s'est demandé si le concessionnaire pouvait être exproprié de la mine pour cause d'utilité publique, nous ne voyons, quant à nous, rien qui en empêche : le tout serait de trouver un cas où cette utilité soit reconnue, on a proposé l'hypothèse où l'État voudrait s'emparer d'une mine pour y instituer une école de mineurs; nous ne voyons rien qui puisse empêcher l'État d'exproprier la mine, dans ce cas ou dans un cas analogue, en se conformant aux prescriptions de la loi de 1841 (2).

113. Après avoir recherché les points de ressemblance, qui rattachaient la propriété des mines à celle des autres immeubles, voyons quelles sont les quelques règles propres aux mines. La base même de la propriété des mines émanant de l'administration les soumet à certaines formalités, qui empêchent leur propriété d'être aussi sûre que les autres. En d'autres termes, dans certains cas que nous verrons dans la section suivante, les concessionnaires

(1) Loi de 1810, art. 7. Code proc. 673 et suiv. Code Nap. 2104 et suiv. — *V.* cep. Loi de 1838, art. 6.

(2) Expropriation pour cause d'utilité publique. Loi du 3 mai 1841.

sont frappés d'une déchéance administrative. Quel est l'effet de cette déchéance, vis-à-vis des tiers? Quelques auteurs proposent de distinguer (1) si la cause de déchéance se trouve dans la concession elle-même, comme le défaut d'exploitation, qui fait retirer la concession parce que l'exploitation est une condition de la concession; on propose, disons-nous, en ce cas, d'appliquer le principe *resoluto jure dantis resolvitur jus accipientis;* si au contraire, la cause de déchéance est une cause postérieure (2), on devra tenir compte des droits acquis sur la mine. Cette distinction, peut-être très-conforme aux principes, ne nous paraît nullement dans l'esprit de la loi de 1838, qui veut que dans tous les cas où il y aura des créanciers la mine soit mise aux enchères; et l'attribution que l'État se fait, en certains cas, de la mine libre de toute charge nous paraît, ainsi que nous le montrerons, beaucoup plutôt fondée sur l'article 539 du Code Napoléon, qui attribue à l'État les biens sans maîtres. Nous croyons, en effet, que jamais l'administration ne reprend la mine libre de toutes charges, à moins qu'elle ne soit considérée comme abandonnée (3).

114. Les rapports des propriétaires de mines avec les propriétés voisines sont en général analogues aux rapports de tous les propriétaires entre eux; nous avons-même dit, qu'on pouvait constituer entre elles

(1) Proudhon. Dom. privé, t. II, p. 479.
(2) Loi du 27 avril 1838, art. 1, 2, 3, 4, 5, 6.
(3) *V.* p. 1. n. sect. VII.

des servitudes ; mais sous certains rapports le concessionnaire, nous le verrons en étudiant ses obligations, est traité plus sévèrement que les autres propriétaires, et il est soumis envers le propriétaire de la surface à payer des indemnités dans des hypothèses où le superficiaire, le cas contraire se présentant, n'est obligé à rien envers le concessionnaire ; ainsi le superficiaire peut faire après la concession tout ce qui n'entrave pas directement l'exploitation de la mine, et le concessionnaire ne pourrait pas lui demander une indemnité pour un bâtiment qu'il aurait construit postérieurement à la concession et qui aurait occasionné des éboulements dans les galeries de la mine. C'est, dira-t-on, une application du droit commun, de l'article 1382, Code Napoléon, nous n'en disconvenons pas, seulement nous constatons dès à présent, sauf à entrer plus tard dans les détails (1), que si les travaux du concessionnaire ont produit l'écroulement d'un édifice construit même postérieurement à la concession, il devra une indemnité au superficiaire.

115. C'est une grave question qui a divisé la cour suprême et les cours impériales, que celle de déterminer jusqu'où s'étend le droit du concessionnaire, quand un autre concessionnaire interrompt ses travaux ; contentons-nous ici de dire que la cour de cassation a par deux fois reconnu qu'il avait droit à une indemnité dans cette hypothèse (2).

(1) V. p. l. n.
(2) V. le procès soulevé à cet égard entre les concessionnaires du

116. Avec les concessionnaires de mines voisins, les rapports relatifs à la propriété de la mine sont réglés d'après les lois ordinaires; c'est ainsi que les actions en bornage seront portées devant les juges de paix (1). Mais il faut se garder ici d'une confusion qui repose sur une nuance assez délicate, le juge de paix ne serait compétent qu'autant que la difficulté relative au bornage ne viendrait pas d'une question d'interprétation de la concession, car alors le juge de paix devrait se dessaisir et renvoyer les parties à se pourvoir devant le conseil d'État.

117. Les mines sont parfaitement susceptibles de possession. Mais on remplira très-difficilement les conditions nécessaires pour fonder la possession civile; elle sera presque toujours entachée du vice de clandestinité, soit qu'on l'invoque pour fonder la prescription contre le superficiaire ou contre le concessionnaire voisin, ou qu'on veuille intenter l'action possessoire. Mais si par une réunion de circonstances, la possession réunissait les conditions imposées par les articles 2228 et suiv., C. Nap., celui qui l'invoquerait jouirait-il de tous les bénéfices attachés à la possession? Il est certain que ces règles ne reçoivent leur application que lorsque la mine a été une première fois concédée, car l'étendue des

chemin de fer de St-Étienne à Lyon, et les concessionnaires de mines traversées par le chemin de fer. Trib. St-Étienne, 31 août 1833, Lyon, 11 août 1835, cass. 18 juillet 1837, Dijon, 25 mai 1838, cass. 5 mars 841.

(1) Loi du 25 mai 1838, art. 6.

droits qu'a le gouvernement pour en disposer est d'ordre public. Les mines ne sont donc pas prescriptibles jusqu'à la concession. Il faut en conclure encore que les tribunaux ne peuvent pas adjuger le bénéfice du possessoire pour une simple jouissance de fait (1). S'il s'agissait après la concession de la prescription acquisitive appliquée à la mine toute entière, il nous paraîtrait difficile de contester la propriété de la mine à celui qui invoquerait une possession dans les conditions ordinairement régulières. S'il s'agissait d'une prescription partielle, il faudrait repousser, à notre avis, sans hésitation, la prétention du défendeur, parce que la prescription n'étant jamais qu'une présomption d'acquisition, elle prouverait une aliénation partielle faite sans autorisation du gouvernement, dont l'intervention ne se prescrit pas, et partant elle prouverait une aliénation nulle.

SECTION VII. — *Des obligations des propriétaires des mines (loi de 1810, art. 11, 15, 33 à 41, 43 à 47, loi de 1838).*

118. Les obligations imposées par la loi au concessionnaire sont de diverses natures : les unes sont des charges qu'il doit supporter comme compensation de l'avantage que lui a fait l'État en lui accordant la concession ; d'autres lui sont communes avec tous les propriétaires, tel est l'impôt qui lui est imposé

(1) Proudhon, Dom. privé, n. 358.

sous forme de redevance ; d'autres enfin sont des règles de police et de surveillance prescrites dans l'intérêt général, et pour veiller soit à la bonne exploitation des mines, soit à la sûreté publique et spécialement à celle des ouvriers employés aux travaux de la mine.

Quelle que soit leur nature, toutes ces charges, lorsqu'elles résultent de l'acte de concession ou d'une loi antérieure à la date de l'ordonnance de concession, sont légitimement imposées au concessionnaire. Nous avons déjà eu l'occasion de dire, que la concession tenait beaucoup de la nature des contrats. L'État règle par la concession les intérêts de tous ceux auxquels il croit devoir accorder sa protection spéciale ; et de plus il impose à son cocontractant les conditions qu'il juge convenables.

De toutes les obligations qui appartiennent au premier ordre d'idées, c'est-à-dire à la protection des intérêts privés, la plus importante est assurément celle de payer la redevance due aux propriétaires de la surface ; nous avons précédemment exposé son origine, le mode d'après lequel elle devait être évaluée, les règles de sa perception ; nous n'avons donc plus à revenir sur ce sujet.

119. Le concessionnaire doit une redevance au propriétaire de la surface ; il en doit également une ou plutôt deux à l'État. Si ces deux redevances perçues par l'État sont différentes dans leurs effets, elles ont néanmoins une commune origine, qui ne se rapproche en rien de celle de la redevance due au superfi-

claire. La cause des redevances dues à l'État est que tout immeuble doit l'impôt foncier. Ces redevances sont donc un impôt, l'une est fixe et l'autre est variable; d'où vient ce double mode dans la perception de l'impôt? c'est, à vrai dire, une transaction entre deux systèmes. La loi de 1791 avait supprimé toute espèce de redevance: toute disposition de cette nature rappelait aux législateurs de l'Assemblée constituante les abus de la féodalité et choquait profondément leurs idées libérales. Le législateur de 1810, qui n'était plus sous l'impression des mêmes faits, ne crut pas devoir renoncer à une redevance au profit de l'État. Ce point admis, il s'agissait de fixer sa nature et sa quotité.

La discussion au conseil d'État nous prouve que ce ne fut pas sans difficulté qu'on arriva au système actuel. En effet, on pouvait établir une redevance soit fixe, soit proportionnelle, soit fixe en partie et en partie variable. Les partisans d'une redevance fixe, basée sur l'étendue de la concession, y voyaient un avantage considérable, en ce que c'était un obstacle aux demandes en concession comprenant une étendue énorme, qui sont nuisibles au développement de l'industrie des mines. Le système du maximum des concessions ayant été rejeté, on voyait avec plaisir une disposition qui mettait, dans l'intérêt des concessionnaires, une borne à l'étendue trop vaste de concessions que l'on pourrait arracher à l'administration. Les partisans d'une redevance proportionnelle, joints à ceux qui voulaient conserver le système de 1791, faisaient observer qu'une redevance fixe était aussi injuste qu'impolitique, qu'elle frapperait trop lourdement certaines concessions, qu'elle serait insignifiante pour les exploitations très-productives, qu'ainsi l'État demanderait plus qu'ils ne pourraient donner à ceux qui seraient pauvres, et cela au profit des plus favorisés. Ceux qui voulaient une redevance proportionnelle ajoutaient qu'il serait infiniment plus juste de s'en référer, pour fixer une redevance, aux produits de chaque entreprise. A cela on faisait une double objection : d'abord la redevance n'avait plus l'avantage de restreindre la concession, en second lieu, la redevance proportionnelle présentait l'immense inconvénient d'autoriser les agents de l'administration à s'immiscer dans les affaires des particuliers. De plus, ceux qui ne voulaient de redevance d'aucune espèce faisaient remarquer que ce n'était pas seulement aux concessionnaires qu'on nuirait, mais que l'impôt étant toujours, en définitive, supporté par le consommateur, c'était aux usines que l'on nuirait le plus; que la houille, par exemple, était déjà plus chère en France qu'en Angleterre; que rehausser son prix par une redevance, c'était non-seulement empêcher toute concurrence des charbons français avec les charbons anglais, mais aussi du fer français avec le fer anglais, et en général de tous nos produits manufacturés. Voilà les objections qu'il s'agissait de concilier.

120. D'abord on mit d'accord les partisans d'une redevance fixe et d'une redevance proportionnelle, en

admettant les deux systèmes. La redevance fixe fut tarifée à dix francs par kilomètre carré. Quant à la redevance proportionnelle, il fut décidé : 1° qu'elle serait imposée tous les ans; 2° qu'elle aurait pour base le produit net (1) de l'année courante et non de l'année écoulée (2), puis pour répondre à l'objection de ceux qui prétendaient qu'une redevance détruirait l'exploitation des mines, il fut statué : 3° qu'elle ne pourrait jamais excéder le vingtième du produit net de la mine, en laissant à l'État le droit de dégrèvement perpétuel ou temporaire, pour favoriser les entreprises dont l'exploitation était plus difficile ou celle où il y aurait de grands travaux à exécuter ou bien encore les mines où il serait arrivé des accidents; 4° comme il peut être avantageux pour un exploitant de connaître les charges qu'il aura à supporter, on admit le système des abonnements, consistant dans un accord entre l'exploitant et l'administration pour payer chaque année la même somme (3). Du reste il était bien entendu, en cas de non abonnement, que le déficit d'une année ne rejaillirait jamais sur l'année suivante, que l'on ne pourrait pas déduire des produits nets d'une année les pertes de l'année précédente, avant que l'État n'ait perçu sa redevance proportionnelle (4); 5° un droit de dix centimes par franc fut

(1) Conseil d'Etat, 4 juin 1839.

(2) Conseil d'Etat 20 février 1846.

(3) L'instruction du 3 août 1810 dit que ces abonnements seront faits en général pour cinq ans.

(4) Arrêté ministériel, 28 février 1835, Annal des mines, t. 11, p. 735.

ajouté à cette contribution pour subvenir au dégrèvement des mines quand il y aurait des pertes ou des accidents.

Quant à cette autre objection qu'il était important de ne pas immiscer les agents de l'administration dans les affaires de l'exploitant, on y échappa par un moyen très-simple : en assimilant la redevance sur les mines à la contribution foncière, avec faculté de se pourvoir devant le conseil de préfecture pour obtenir les dégrèvements. Le dégrèvement est de droit lorsque la contribution excède 5 p. 100 du revenu net de la mine (1). Loi de 1819, art. 37. Ces principes, dont les bases sont posées dans la loi de 1810, ont été développés dans un décret postérieur du 6 mai 1811, auquel nous renvoyons pour les détails (2). En même temps que la loi de 1810 créait une redevance au profit de l'État, elle abrogeait toutes celles qui pourraient lui être dues, et qui n'avaient pas été abolies par la loi de 1791.

121. Une autre obligation du concessionnaire, c'est de payer les indemnités. Elles peuvent être dues : 1° au propriétaire de la surface pour les recherches; 2° aux inventeurs. Nous avons vu dans ce cas comment elles étaient réglées, nous n'aurons donc pas à y revenir (3); 3° au propriétaire de la surface pour

_____

(1) Circulaire, 3 août 1810.

(2) V. aussi loi du 17 juin 1840, sur le sel. Les mines de sel sont dispensées de la redevance proportionnelle, en raison de l'impôt que l'État perçoit sur la vente de cette denrée.

(3) V. section IV.

dommage causé par l'exploitation ; 4° au propriétaire d'une mine voisine. Nous nous sommes déjà occupé des droits du propriétaire de la surface dans le cas de recherche, mais nous avons renvoyé à notre section pour fixer la quotité des indemnités auxquelles il pouvait prétendre, car elles sont déterminées par des règles communes à elles et aux droits du propriétaire superficiaire après la concession,

Toute notre matière est dominée par deux principes : 1° l'art. 1382 du Code Napoléon : quiconque par son fait, en dehors de l'exercice de son droit, a causé un dommage à autrui, doit le réparer ; 2° lorsqu'il s'agit d'un intérêt public, tout propriétaire doit supporter une expropriation, moyennant indemnité. Une observation préalable est ici nécessaire sur la nature de cette expropriation, elle est *sui generis ;* elle a toujours un caractère passager qui l'empêche de tomber sous l'application des lois du 8 mars 1810, 7 juillet 1833 et 3 mai 1841. Le droit du propriétaire de faire acheter son terrain ne fait pas obstacle à cette doctrine. En effet, ce n'est qu'une faculté dont il est libre de ne pas user, il peut toujours refuser la vente de son terrain. Il y a là une différence radicale avec les principes généraux de l'expropriation pour cause d'utilité publique (1). Ainsi donc, obligation de réparer le dommage, obligation de supporter ce dommage, sauf indemnité : voilà le double point de départ de notre section.

(1) Cotelle, t. II, D. Adm., p. 61.

Quelle sera la quotité de cette indemnité ? Devra-t-on s'en référer aux règles ordinaires, c'est-à-dire à un achat de l'objet nécessaire à l'intérêt public ? Le caractère passager que peuvent avoir les travaux ne doit pas faire imposer cette charge sans distinction au concessionnaire ou à l'explorateur; il faut donc dire qu'ils ne seront contraints à l'achat que dans le cas où les travaux doivent durer plus d'une année, à moins qu'ils ne rendent les terres où ils sont faits impropres à la culture. Dans ces deux hypothèses, le superficiaire pourra obliger à l'achat de son terrain, et même, si la surface entière de la pièce de terre a été dégradée ou endommagée, le propriétaire pourra exiger l'achat de la pièce entière.

En dehors des deux cas précités, le propriétaire n'aura droit qu'à une indemnité; mais soit qu'il y ait lieu à achat ou à indemnité, le propriétaire aura le droit de réclamer le double de la valeur du terrain ou le double de la valeur du dommage commis. Ce qu'il paraît y avoir d'exorbitant dans cette règle trouve une explication assez plausible dans l'intérêt de l'agriculture. L'empereur voulut donner, par de fortes indemnités, un dédommagement aux propriétaires de la surface du trouble que la loi de 1810 apportait à leur jouissance. Ce motif est aussi juste que raisonnable quand il s'agit d'une possession passagère, mais il est difficile de lui trouver un autre motif juridique que la volonté du législateur quand il s'agit de l'achat du terrain. Il ne faudrait pas conclure du soin que le législateur a mis à régler les questions d'in-

demnité, qu'il a autorisé le concessionnaire à se mettre de sa propre autorité en possession des terrains
qu'il juge utiles à son exploitation. Evidemment, non.
Il y a là une prise de possession qui ne peut avoir
lieu qu'avec l'autorisation de l'administration? La
mise en possession aura lieu par l'autorité judiciaire (1). Quoi qu'il en soit, l'achat du terrain se
fera d'après les principes de la loi du 16 septembre
1807, relative au desséchement des marais, où il se
trouve un titre spécial aux expropriations, qui a reçu
le caractère de loi générale. C'est un point contesté
que de savoir si l'explorateur peut être contraint à
l'achat du terrain, lorsque ses recherches ont été in-
fructueuses. Nous ne voyons pas où on peut trouver
l'origine de cette faveur pour l'explorateur malheu-
reux, c'était à lui de calculer toutes les chances de ses
tentatives (2).

122. Comme nous le disions plus haut, les règles
précédentes sont communes au concessionnaire et à
l'explorateur. Mais nous trouvons une différence radicale entre les deux cas, au sujet de l'autorité compétente, pour juger les contestations qui pourraient
s'élever sur le règlement des indemnités. Aux termes
de l'art. 46 de la loi du 21 avril 1810, qui renvoie à
l'art. 4 de la loi de pluviôse an VIII, les contestations
qui s'élèveraient pour les travaux faits avant la concession seront jugées par le conseil de préfecture (3).

(1) Peyret-l'Allier, n. 223.
(2) V. Cep. Husson. p. 693.
(3) En cas de déchéance d'un premier concessionnaire, la con-

Par *a contrario* de cet article, les contestations qui seront soulevées sur les indemnités réclamées par le superficiaire au concessionnaire, seront de la juridiction des tribunaux ordinaires. Rien de plus clair dans la loi, rien de plus juste dans le fait. En effet, quel rôle joue le concessionnaire dans ses rapports avec le propriétaire de la surface? Le rôle d'un propriétaire ordinaire. (Loi de 1810, art. 7.) Quelle est l'autorité compétente pour juger les contestations qui surgissent entre deux propriétaires voisins? L'autorité judiciaire. Quelle est, au contraire, la situation de l'explorateur? Est-il propriétaire? Non; il n'est, à vrai dire, que l'agent de l'administration, il recherche une mine dans un intérêt général. Qui en aura la disposition, s'il la trouve. L'administration? Qui juge les différends entre l'administration et les particuliers, dans ces circonstances? Le conseil de préfecture, aux termes de l'art. 4, loi de pluviôse an VIII.

Quelque évidente que soit notre distinction, elle n'en a pas moins été contestée par l'administration. D'abord elle a invoqué les termes de l'art. 46 pour prétendre qu'étant placé à la fin de la section, il s'appliquait à toutes les indemnités dont il était question dans les articles précédents; que d'ailleurs la nature des indemnités était la même, soit qu'elles fussent

cession étant considérée comme n'ayant jamais existé, les indemnités auxquelles il pourrait prétendre, pour travaux faits dans les mines, seraient réglées de la même manière que celles dues à l'explorateur, et garanties par le privilége de l'art. 10, loi de 1810. Proudhon, Dom. privé, n. 813.

dues avant la concession , soit qu'elles fussent dues postérieurement; qu'elles devaient donc être traitées de la même manière; que, dans tous les cas, l'intention du législateur était manisfestée dans l'art. 44, § 2, contenant un renvoi à la loi du 16 septembre 1807. Tels sont les principes exposés dans la circulaire ministérielle de septembre 1837, qui réserve aux conseils de préfectures la connaissance des indemnités de cette nature.

Voyons ce qu'il y a de fondé dans les arguments de M. le ministre des travaux publics. Il faut n'avoir pas lu l'art. 46 pour lui prêter un autre sens que celui que nous lui donnons, il est impossible d'équivoquer sur ses termes : « *Toutes les questions d'indemnités à payer par les propriétaires des mines, à raison de* RECHERCHES OU TRAVAUX ANTÉRIEURS A L'ACTE DE CONCESSION. » Nous ne croyons pas qu'il soit possible d'imaginer des termes plus expressifs, et il est incroyable, que non-seulement on ait soutenu une opinion contraire en présence de ce texte, mais qu'on ait même cherché à en tirer des arguments en faveur d'un système qu'il détruit radicalement. Les termes de l'art. 44, § 2, ne sont pas plus concluants. Sans doute, il y a un renvoi fait à la loi de 1807 dans l'art. 44, mais seulement quant au mode de l'évaluation du prix. C'est ce qui résulte évidemment de la lecture du texte : « *L'évaluation du prix sera faite,* QUANT AU MODE *suivant,* » etc. ; où peut on voir là une question de compétence, surtout, lorsque pour arriver à déférer la question au conseil de préfecture, où est forcé de prétendre que c'est en raison des règles données par la loi de 1807 sur les expertises et qu'une pareille prétention viole formellement les art. 87 et 88 de la loi de 1810, qui règle les expertises pour tous les cas prévus dans la loi.

Si ces arguments ne suffisent pas, à notre tour nous dirons, et avec bien plus de raison que nos adversaires, que là, où les choses ont la même nature, il faut appliquer la même règle, et ce n'est pas dans l'art. 46 de la loi de 1810 que nous irons chercher une similitude qui n'existe pas; nous l'avons prouvé, mais bien dans l'art. 15 (1) de notre loi, où il s'agit de rapports de la même nature entre les mêmes personnes et où le législateur, dont la pensée manifeste dans tout le reste de la loi est formellement écrite, dans cet article, renvoie toutes ces questions *aux cours et tribunaux*. La jurisprudence repousse avec raison le système de la circulaire de 1837 (2). L'instruction ministérielle du 3 août 1810 n'était pas tombée dans une semblable erreur, et c'est précisément pour changer les vrais principes qui y étaient insérés, qu'on a fait la malheureuse circulaire de 1837.

123. La nature des travaux à faire pour l'exploitation des mines présente de grands dangers; cette extraction de matières du sein de la terre, surtout si elle n'a pas lieu à une grande profondeur, peut présenter de graves inconvénients pour la surface : il survien-

---

(1) V. p. l. même sect.

(2) Locré, t. ix, p. 239, et surtout Locré, t. ix, p. 473 et 529.

dra souvent des écroulements qui nuiront au propriétaire de la surface; encore que le concessionnaire n'ait
fait qu'user de son droit en creusant la mine, il n'en
devra pas moins indemnité au propriétaire de la surface pour tous les accidents qu'occasionnera l'exploitation de la mine, tels qu'écroulements, pertes des eaux,
du fonds qui peuvent être enlevées par le percement
d'une galerie (1), ou encore pour les dommages causés
à l'agriculture par les eaux minérales ou corrosives,
dont il est forcé de supporter l'écoulement sur son
terrain, non pas comme on l'a dit quelquefois en
vertu de l'article 640 du Code Napoléon, mais bien
par suite d'une servitude légale, d'un genre particulier, créée par la nécessité de l'épuisement des mines.

Il y a souvent danger réel d'accidents, lorsque l'exploitation a lieu sous des bâtiments : si le danger est
imminent, on pourra demander au préfet la suspension des travaux, qu'il accordera ou refusera sur le
rapport de l'ingénieur des mines, il pourra même la
prononcer d'office s'il y a péril en la demeure. L'ingénieur des mines serait également compétent pour
prescrire telle mesure qu'il jugerait indispensable à
la sûreté publique; si, au contraire, le danger n'est
pas imminent, le propriétaire pourra demander caution au concessionnaire de réparer les dommages qui
pourraient subvenir postérieurement, en s'adressant
aux tribunaux, et en s'opposant à la continuation des

(1) Locré, t. IX, p. 239, Delbecque, n. 718, Nisme, 30 juillet 1839,
cassation, 4 janvier 1841.

travaux jusqu'à ce qu'on lui ait donné la satisfaction qu'il est en droit d'exiger. La demande du superficiaire ne pourrait pas être repoussée sous prétexte qu'il a continué à recevoir la redevance, il y a un intérêt public attaché à la suspension des travaux dangereux. La règle est encore bien plus sévère s'il s'agit de travaux à faire sous une ville : en aucun cas ils ne pourront être commencés avant qu'on ait obtenu l'autorisation de l'administration. Cette règle n'a pas besoin de commentaire (1).

124. Ces dispositions ne présentent pas de grandes difficultés, cependant on a soulevé à ce propos une ou deux questions, dont la solution est facile. On a dit que l'art. 15 de la loi de 1810 était en contradiction avec l'art. 11 de la même loi ; en effet, l'art. 11 défend d'ouvrir des galeries sous *les bâtiments, jardins, enclos murés ou dans un espace de 100 mètres environnants;* que partant on ne comprenait pas quand il pouvait y avoir lieu à appliquer les termes de l'art. 15, attendu qu'il résultait de l'art. 11 qu'il était aussi bien applicable au concessionnaire qu'à l'explorateur. La conciliation des deux textes est bien simple, il est vrai qu'il est interdit au concessionnaire d'ouvrir des puits ou des galeries, c'est-à-dire de commencer une exploitation sur ces terrains privilégiés, mais nullement de poursuivre des travaux souterrains commencés dans un autre endroit; c'est à ce cas

(1) Ordonnance royale, 11 avril 1839, Annales des mines, t. xviii, p. 767.

qu'il faut appliquer l'art. 15. Ce point est reconnu par une jurisprudence unanime.

Une seconde question, dont la solution n'est pas plus difficile, à notre avis, est celle-ci : Le concessionnaire doit-il donner caution, et en conséquence payer une indemnité dans le cas où il s'agit de bâtiments élevés postérieurement à la concession ? Nous n'hésitons pas à donner une solution affirmative ; il nous semble tout à fait impossible de dénier au propriétaire le droit de bâtir sur son terrain : ce serait soutenir que la concession a grevé sa propriété d'une servitude *non extruendi*. Or, si un pareil préjudice était apporté par la concession au superficiaire, la redevance qu'on lui accorde ne serait-elle pas une indemnité dérisoire, pour la perte du droit de bâtir sur son terrain ? Une pareille doctrine doit être rejetée.

Sous le rapport des redevances et indemnités, les obligations du concessionnaire sont assez étendues ; c'est donc avec raison que la loi exige que l'individu ou la société, qui prétendent obtenir une concession, justifient des moyens de subvenir aux redevances ou indemnités résultant de l'acte de concession, et même aux indemnités qui pourraient être dues postérieurement.

125. Comme nous l'avons dit dans la section précédente, l'acte de concession a pour effet de créer une véritable propriété entre les mains du concessionnaire ; il est des pays où les concessions sont si rapprochées les unes des autres qu'elles se touchent, de là des rapports entre les concessionnaires voisins, qui doi-

vent être réglés en général d'après les principes ordinaires de la propriété, sauf les différences qu'imposera la nature même des choses. Ainsi les concessionnaires se devront mutuellement indemnité pour les travaux faits par eux, qui auraient porté préjudice à l'exploitation voisine, par exemple s'ils ont déversé leurs eaux dans la mine voisine, s'ils ont provoqué un écroulement dans l'exploitation qui les approche. Toutefois, il y aura cette différence entre les accidents de cette nature et les autres, tels qu'un incendie qui se serait communiqué d'une mine à une autre; que l'indemnité sera due toujours dans le cas de travaux (1) ou de déversement des eaux; tandis que dans les autres hypothèses, dans le cas d'incendie, par exemple, elle ne sera due que d'après les principes ordinaire de l'art. 1382 du Code Napoléon. En effet, dans le cas où les eaux auront été déversées dans l'exploitation voisine, par un fait indépendant de la volonté du concessionnaire, ce dernier n'aura pas moins retiré de cet événement un avantage considérable, car il aura évité ainsi les frais d'épuisement pour les eaux déversées, et cette charge de l'épuisement sera incombée au propriétaire voisin; il y aurait donc pour l'un d'eux, un enrichissement aux dépens de l'autre, que la loi ne doit pas tolérer. Cette disposition assez dure trouve sa compensation dans l'indemnité accordée au concessionnaire qui, par ses travaux, a contribué à épuiser les eaux de

---

(1) *V.* en sens contraire, Richard, Législation des mines, n. 247.

la mine voisine, elle est fondée sur le même motif.

De ce que nous venons de dire, il ne faudrait pas conclure qu'il n'y aurait nulle différence entre le cas où le préjudice causé à la mine voisine aurait eu lieu par imprudence, et celui où on ne retrouverait pas le même caractère; il est certain qu'il y aurait une différence considérable dans la quotité des dommages-intérêts, à accorder, ils varieraient même suivant la gravité de la faute, conformément aux principes ordinaires de la matière.

126. Le concessionnaire est obligé d'exploiter. L'intérêt qu'a le gouvernement à la mise en valeur des mines est la seule origine du système des concessions; or la loi qui, après l'avoir organisé avec soin, ne prendrait pas des mesures suffisantes pour assurer l'exploitation des mines serait assurément une loi incomplète. Ce reproche peut être adressé à juste titre à la loi de 1810. Après avoir rédigé avec clarté tout ce qui a rapport aux concessions, à leurs effets, le conseil d'Etat, ou plutôt l'empereur qui lui imposait ses idées, se laissant dominer par l'idée d'appliquer sans réserve les principes posés dans les premiers articles de la loi, n'organisa que d'une manière incomplète ce qui avait rapport à la déchéance, en cas de non-exploitation ou d'abandon de la mine, paralysant ainsi l'heureuse influence que devait avoir la loi de 1810.

Le projet avait prévu ces deux cas, la cessation des travaux, ou l'abandon de la mine, devait la faire revenir entre les mains de l'État, sauf le droit des créanciers du concessionnaire, de faire mettre la mine aux enchères pour se faire payer.

Mais ces idées sur lesquelles nous n'insisterons pas davantage, puisque non-seulement elles furent rejetées par le conseil d'État, mais encore parce qu'elles n'ont pas trouvé place dans la législation postérieure à 1810 ; ces idées, disons-nous, furent écartées par Napoléon, comme violant le droit de propriété qu'il avait voulu créer au profit du concessionnaire. « Pourquoi, disait-il, exiger plutôt d'un exploitant la continuation de son exploitation qu'on n'exige d'un manufacturier de ne pas faire cesser ses travaux. » La cessation de ces deux industries peut également ruiner un pays. Le propriétaire est concessionnaire incommutable, il peut donc disposer comme il lui plaît de ce qui lui appartient, comme tous les autres citoyens ; il ne peut être exproprié que par ses créanciers. Ces idées, qui ne sont que spécieuses en théorie, sont désastreuses dans la pratique. Il est certain qu'il y a un point que l'on perdait complétement de vue, c'est que tout contrat synalagmatique contient une condition résolutoire tacite ; qu'en conséquence, ceci étant bien admis, que l'exploitation est la condition de la concession, l'État peut faire annuler le contrat qu'il a conclu avec le concessionnaire, si celui-ci n'exploite pas. Voilà quels sont les vrais principes, mais ils échappèrent au conseil d'Etat et au Corps législatif qui cédèrent à l'entraînement exercé par le génie de *Napoléon* égaré par hasard (1). Il ré

(1) Locré, t. IX, p. 128, p. 357.

sulte d'ailleurs évidemment de l'étude des travaux préparatoires, que cette erreur vint de la faute que faisaient les auteurs du projet en voulant autoriser la déchéance pour mauvaise administration, la mettant sur la même ligne que l'abandon et la cessation de l'exploitation. Cette proposition, violatrice au premier chef des principes de la propriété, blessa l'esprit si juste de Napoléon, mais il se laissa entraîner trop loin, et confondit ... une même exclusion les dispositions mauvaises, qui devaient être écartées et les dispositions, qui devaient être conservées (1).

Les mesures protectrices des droits de l'État, de l'intérêt général disparurent donc pour faire place à l'art. 49 de la loi de 1810, disposition vague et incolore, la pire des dispositions, car elle n'apprend absolument rien, et laisse le citoyen ignorant la conséquence de ses actes, livré à l'arbitraire, à l'inconnu. Les désastreux effets d'une pareille disposition ne pouvaient tarder à se faire sentir. En vain, le ministre de l'intérieur avait voulu y porter remède dans sa circulaire sur l'exécution de la loi de 1810, en y insérant cette phrase si significative : « *C'est donc une* MESURE D'ORDRE PUBLIC, *que d'exiger d'un propriétaire de mine ou minière qu'il prévienne l'administration, au moins trois mois d'avance, lorsqu'il sera déterminé à abandonner l'exploitation* (2). On jugea qu'il était indispensable de faire cesser légalement un pareil état de

<hr>

(1) Locré, t. IX, p. 408. *V.* aussi les renvois, p. 427, sous l'art. 48, et p. 138 sous l'art. 50.

(2) Circulaire du 3 août 1810, A § V.

choses. Un décret réparateur, qui devait rendre à l'État sa légitime influence, en rétablissant les principes que *Fourcroy* avait proposé d'admettre dans la loi de 1810, fut proposé, malheureusement il éprouva de longs retards par suite de désaccord entre le conseil d'État et le ministre de l'Intérieur, et les événements de 1814 arrivèrent au moment où il allait être voté par le Corps législatif; le décret fut oublié par suite des préoccupations politiques, et il demeura toujours à l'état de projet.

127. La législation de 1810 resta donc telle qu'elle était jusqu'en 1834; à cette époque une circulaire du directeur général des mines (1) décida que l'abandon des mines ne pouvait avoir lieu que dans la même forme que la demande en concession; qu'on devait joindre à l'appui un état des travaux et un certificat du conservateur des hypothèques, constatant qu'elle était libre de tout gage. Cette circulaire interprétative de l'article 49 était insuffisante. La marche à suivre, au cas de déchéance et d'abandon, pour sauvegarder les droits de l'État, devait attirer l'attention d'un législateur vigilant.

C'est ce qui arriva en 1838 (2). La loi faite à cette époque est relative au desséchement des mines, c'est une nouvelle obligation imposée au concessionnaire, que nous allons laisser un moment de côté pour terminer tout ce qui a rapport à la déchéance et à l'aban-

(1) Circulaire du 30 novembre 1834.
(2) Loi du 27 avril 1838.

don ; qu'il no   uffise de savoir, pour l'intelligence de ce qui va ⁚   ⁚e, que la loi impose une taxe au concessionnaire pour arriver au desséchement des mines ; qu'à défaut du payement de cette taxe elle prononce la déchéance contre le concessionnaire récalcitrant, dans son art. 6 et que dans son article 8 elle dispose, que la procédure de la déchéance, telle qu'elle est réglée dans son article 6, est applicable aux cas prévus par l'art. 49 de la loi du 21 avril 1810. Ceci posé, arrivons à la question.

Dans le cas de non-payement de la taxe, d'abandon de la mine, ou de cessation des travaux, deux mois après sommation faite de payer ou de reprendre les travaux (1), le ministre pourra prononcer le retrait de la concession. La partie pourra se pourvoir au contentieux contre l'arrêté ministériel. Si l'acte administratif est confirmé, ou s'il n'est pas contesté, il y a lieu à la mise aux enchères de la mine par *la voie administrative*, si le concessionnaire a des créanciers ; s'il n'a pas de créanciers, ou si la mine mise aux enchères n'a pas trouvé d'acquéreur, l'État rentre dans la propriété de la mine libre de toute charge. Cependant jusqu'au jour de la dépossession, le concessionnaire peut arrêter la déchéance, en acquittant tout ce qui est dû ; après la dépossession, et toujours en acquittant toutes les charges, il peut reprendre tous les objets devenus immeubles par destination, conformément à l'art. 7 de la loi de 1810, à moins

(1) Conf. art. 6 et 8, loi du 27 avril 1838.

que l'État n'aime mieux les lui acheter, auquel cas le prix sera réglé par experts (1).

128. Voilà l'exposé succinct des dispositions de la loi de 1838; s'il nous faut maintenant apprécier ce système, nous ferons une distinction : nous approuverons sans réserve le principe de la loi, c'est-à-dire la déchéance, le retrait de la concession dans les cas où ils sont ordonnés, mais nous déclarerons funeste et subversif de la législation sur les mines, le mode que la loi a adopté pour faire prononcer la déchéance. C'était aux tribunaux ordinaires seuls qu'il eût dû appartenir de prononcer la déchéance. La loi de 1810 avait fait des mines des *propriétés véritables*. Napoléon les avait déclarées sacrées *dans le droit et dans le fait*, il ne devait donc jamais appartenir à l'administration de connaître d'une question de propriété. C'est aux tribunaux civils que les principes de la séparation des pouvoirs confient ce devoir; en présence d'une question de propriété, l'État n'est plus qu'un simple particulier, qui vient débattre ses droits et ses prétentions devant des juges intègres, mais il ne doit jamais se faire juge et partie. En vain l'on nous dira que les mines sont des propriétés d'un genre particulier, erreur; qu'elles doivent toujours rester sous la main de l'administration dans l'intérêt de tous; qu'après tout l'État, qui a fait un acte de libéralité en accordant la concession, a bien le droit de veiller à la manière dont on use des droits qu'il a conférés;

(1) Laferrière, D. adm., t. 11, p. 531.

que le concessionnaire n'est qu'un usufruitier *sui generis*. Erreur et mille fois erreur.

Les mines sont des propriétés, des propriétés véritables, sacrées dans le droit et dans le fait, qui ne doivent pas plus être à la merci de l'administration qu'un champ ou qu'un vignoble; il faut n'avoir pas lu les travaux préparatoires de la loi de 1810 pour n'être pas profondément convaincu de cette vérité (1). Napoléon, qui a presque dicté cette loi, qui l'a illuminée à chaque pas des éclairs de son génie, disait : « *On ne peut jamais considérer le mineur comme un*

(1) Napoléon dit que la concession d'une mine constituant une propriété, il faut que le concessionnaire ne puisse être dépossédé que par les tribunaux et non par un simple arrêté du ministre, qui pourrait être surpris. . . . .

. . . .

M. l'Archichancelier dit que l'action administrative ne peut commencer qu'après que les tribunaux ont jugé le fait. . . . . . .

. . . .

Napoléon demande d'après quelle preuve l'administration prononcera.

Le ministre de l'Intérieur dit que ce sera d'après les procès-verbaux.

Napoléon dit qu'un ministre négligent, ou même un préfet, adoptera sans examen les procès-verbaux d'un ingénieur passionné ou haineux. . . . .

. . . .

Napoléon dit que, même sous ce rapport, il n'y a pas de motif pour distinguer les mines des autres propriétés; on ne fait pas de différence pour les manufactures et les exploitations dont l'interruption peut aussi causer la ruine.

Le comte Regnault dit que du moins il convient d'obliger les tribunaux à prononcer dans la forme sommaire, et à employer des ingénieurs pour experts. . . . .

Napoléon partage cette opinion. (Locré, t. IX, p. 181 et 182).

simple concessionnaire qu'un SIMPLE DÉCRET DÉ-
POUILLE. Est-ce à dire que l'État doive être désarmé,
qu'il ne puisse faire respecter les conditions qu'il a
mises à la concession, qu'il ne puisse obtenir le payement des taxes imposées aux concessionnaires?

Mais les tribunaux civils ne sont-ils pas là pour lui
faire rendre ce qui lui appartient comme aux autres
citoyens? Trouve-t-il donc que les intérêts des particuliers soient bien mal protégés par la justice et les
tribunaux, qu'il n'ose leur confier les siens et qu'il
aime mieux les protéger lui-même au mépris de tous
les principes?

La loi de 1838, dira-t-on, ne prononce la déchéance que pour de justes motifs : nous en convenons; elle entoure le concessionnaire de mesures protectrices, elle lui permet d'exécuter ses obligations
jusqu'au jour de la dépossession; elle veille aux
droits du créancier en ordonnant la mise aux enchères, en donnant la propriété de la mine à l'Etat
lorsqu'il est seul créancier, ou que personne n'a
voulu enchérir; elle ne fait qu'appliquer un principe
du Code Napoléon. L'art. 539 déclare propriété de
l'Etat les biens vacants et sans maîtres. Tout cela est
vrai; mais la loi de 1838 n'en est pas moins déplo-
rable, car elle viole un principe, et, quand on est en-
tré dans cette voie, où s'arrêtera-t-on?

129. Un acte récent, persévérant dans les idées de
la loi de 1838, nous en montre les dangers : nous
voulons parler du décret du 23 octobre 1852. Son
but est d'interdire aux concessionnaires de mines de

s'associer entre eux; il n'entre pas dans notre esprit de critiquer une pareille disposition, elle est dictée par l'intérêt général; les particuliers doivent profiter de la concurrence existant entre les divers exploitants, concurrence que les associations anéantissent. On ne peut même pas adresser à ce décret le reproche de rétroactivité. Tant qu'on n'a pas profité d'une faculté, le législateur reste toujours maître de la retirer sans sortir des limites de son droit. Aussi n'est-ce pas l'interdiction de la faculté de s'associer que nous prétendons attaquer, mais la sanction mise à cette prohibition. Si, malgré la défense qui leur est faite, les concessionnaires s'associent, l'administration pourra opérer le retrait de la concession, non plus avec les formes dont l'avait entouré la loi de 1838, mais par simple arrêté; c'est, du moins, ce qui semble résulter de la lecture du décret. Cette disposition exorbitante, aussi contraire à l'esprit qu'à la lettre de la loi de 1810, met le propriétaire d'une mine dans cette position funeste que *Napoléon* avait voulu lui éviter à tout prix; il n'est plus qu'*un concessionnaire qu'un simple décret dépouille.*

Dans les concessions qu'elle accordera à l'avenir, l'administration peut faire insérer une condition résolutoire frappant du retrait de la concession toute association faite nonobstant les dispositions du décret de 1852. La concession est un contrat où l'on peut écrire toutes les clauses qui ne sont point contraires à l'ordre public; et le fait que l'administration est partie contractante ne change rien aux règles géné-

rales. Mais il y a bien loin de là à prononcer arbi-
trairement, contre le concessionnaire, la déchéance
d'une propriété légitimement acquise par une concession régulière, et une pareille disposition ne viole
pas seulement les principes de la compétence, c'est
le droit de propriété lui-même qui est compromis
et anéanti. Si l'administration juge qu'il y a un
intérêt public engagé à défendre les associations
entre les concessionnaires, elle peut, elle doit
même les interdire, et déclarer nuls les actes
faits par suite de contrats qu'elle proclame illi-
cites; mais qu'une contravention de cette nature en-
traîne le retrait de la concession, cela ne tend à rien
moins qu'à faire rentrer la confiscation dans nos lois
pénales. Espérons donc, sinon que ce décret sera
rapporté, au moins que l'administration n'en fera pas
usage.

130. Nous avons dit que le desséchement des mines
était une obligation imposée au concessionnaire par
la loi de 1838, examinons maintenant comment le
législateur a réglé cette importante question. Les travaux nécessaires au desséchement demandent des
capitaux très-considérables, les concessionnaires hési-
taient donc à les entreprendre et préféraient renoncer
à l'exploitation de la mine, mais l'inondation ne
trouvant plus d'obstacle s'étendait, et pénétrant d'une
concession dans une autre, menaçait de détruire toute
l'exploitation minérale d'une contrée. C'est ce qui
motiva la loi du 27 avril 1838; elle pourvoit aux travaux d'épuisement en formant une sorte d'association

entre les concessions voisines intéressées à l'épuisement du même territoire. Cette association forcée,
créée par la loi de 1838, est digne de remarque: elle
appartient à un ordre d'idées, qui est depuis bien
longtemps l'une des bases de la législation des mines,
la nécessité de la concentration en une même main
de toutes les ressources, qui, divisées, ne donneraient
que des résultats inefficaces. Nous trouverons la même
pensée reproduite dans l'art. 7 de la même loi.

Le législateur a réglé avec soin l'organisation de
cette association; le premier acte sera une enquête
administrative, ayant pour but de connaître les
mines qui sont en danger d'être inondées, et de décider si cette inondation menace la sûreté publique,
ou l'intérêt des consommateurs (1). Si les faits énon-
cés plus haut sont constatés par l'enquête, il inter-
viendra une décision ministérielle, qui déclarera qu'il
y a lieu à pouvoir à l'asséchement des mines et déterminera les concessions comprises dans l'association.
Cette décision, après qu'elle aura été notifiée administrativement aux intéressés, sera susceptible de recours
au conseil d'État par la voie contentieuse. L'appel ne
sera pas suspensif. L'organisation de l'association est
le but des dispositions suivantes: les concessionnaires seront convoqués afin d'élire un syndicat de
trois ou cinq membres, selon l'arrêté du préfet chargé
de désigner aussi le lieu et le mode de l'élection. En
tout cas il sera tenu compte, dans le mode d'élection,

______

(1) Loi du 27 avril 1838, art. 1.

13.

de l'importance des concessions, elle aura pour base les redevances proportionnelles payées par les mines à l'État, dans les trois dernières années d'exploitation, et pour les mines inondées, dans les trois années qui auront précédé celle où les mines auront été envahies. L'assemblée ne pourra délibérer valablement que si il y a de représentés, au moins le tiers des concessions et la moitié des voix réparties entre les diverses concessions. Les syndics seront remplacés, en cas de démissions ou décès, d'après le mode de nomination (1).

Les syndics et les intéressés seront entendus; puis il sera rendu un décret dans la forme des règlements d'administration publique réglant les attributions du syndicat, et fixant une taxe proportionnelle provisoire ou définitive. Un arrêté ministériel déterminera l'époque et le mode de perception de la taxe, et la direction des travaux d'épuisement, sur la proposition du syndicat; si l'arrêté modifie les propositions des syndics, ils devront être entendus et pourront fournir leurs observations (2). Si l'assemblée ne se réunit pas, ou n'est pas en nombre, ou ne nomme pas le nombre de syndics fixé, le ministre nommera une commission qui remplacera le syndicat; il aura recours au même moyen lorsque les syndics refuseront de poursuivre les travaux d'asséchement. Les commissaires pourront recevoir un traitement (3); au-

(1) Loi de 1838, art. 2.
(2) Loi de 1838, art. 3.
(3) Loi de 1838, art. 4.

cune disposition ne s'oppose à ce qu'il en soit attribué un aux syndics. La taxe devra être acquittée par les concessionnaires. Nous avons vu plus haut quelle était la sanction de cette obligation.

131. Les rapports de l'administration avec les concessionnaires sont si fréquents, qu'il importe aux fonctionnaires de savoir à qui s'adresser. Les législations antérieures avaient déjà fait une obligation au concessionnaire de faire connaître son nom et son domicile ; cette disposition est complétée par l'art. 7 de la loi de 1838, qui assujétit les concessionnaires à soumettre leurs travaux à une direction unique (1), et en outre à faire connaître au préfet, sur sa requête, une personne chargée des rapports avec l'administration et particulièrement de représenter les concessionnaires aux assemblées générales. Faute par eux de se soumettre à cette obligation, le préfet pourra ordonner la suspension partielle ou totale des travaux, sauf le recours au ministre, et le pourvoi au conseil d'État par la voie contentieuse.

132. Le concessionnaire est soumis à toutes les clauses du cahier des charges annexé à la concession, relatives outre les indemnités et redevances, aux recherches à faire, à la direction à donner à l'exploitation. On a vu, dans l'extension donnée en

____

(1) Il ne faut pas oublier que cette disposition a eu aussi pour but d'éviter les amodiations partielles, et de donner autant que possible de l'unité à l'exploitation des mines.

général par l'administration à cette clause, une violation sinon de la lettre, au moins de l'esprit (1) de la loi de 1810, qui semblait avoir voulu mettre la bonne exploitation des mines sous la sauvegarde de l'intérêt privé. Dans un pays voisin soumis à la même législation que nous, on a cru devoir faire une enquête (2) pour examiner si l'administration n'excédait pas ses pouvoirs. Cette opinion n'a pas prévalu, parce qu'on a considéré que l'intérêt public était trop engagé dans la bonne exploitation des mines pour ne pas rendre toute-puissante l'administration (3), et aussi un peu, il faut bien le reconnaître, parce que l'administration n'était nullement disposée à appliquer franchement la loi de 1810 avec ses principes nouveaux, qui la dépouillait d'une influence dont elle est jalouse; elle a trouvé un moyen dans le droit de concession, qui lui était réservé, d'éviter les conséquences de la loi de 1810, et elle en a habilement profité, sous prétexte d'intérêt général.

Les concessionnaires sont encore soumis aux règles de surveillance et de police : nous en traiterons dans un autre chapitre.

(1) Delbecque, n. 207.
(2) Royaume des Pays-Bas, 1822.
(3) Cotelle, D. adm., t. II, p. 163.

SECTION VIII. — *Dispositions transitoires (loi de 1810, art 11, 51 à 57).*

133. La loi de 1810 modifiait profondément la législation antérieure; à une époque où l'on tendait à établir une heureuse unité dans la loi, il n'était pas possible d'admettre plusieurs systèmes de législation concurremment en vigueur sur les mines. La difficulté était considérable, car on ne voulait pas froisser les droits acquis; et à toute rédaction qui soumettait les anciens concessionnaires aux mêmes obligations que les nouveaux, on faisait observer qu'on ne pouvait pas leur imposer une propriété perpétuelle malgré eux; qu'il y avait rétroactivité, à grever d'une redevance envers l'État ceux qui avaient obtenu une concession libre d'impôt, sous l'empire de la loi de 1791 ; qu'il fallait au moins leur laisser le choix entre l'exécution de leur ancien contrat et la soumission à la loi nouvelle. Nonobstant ces raisons, le désir de faire une législation uniforme l'emporta sur toute autre considération : les anciens concessionnaires, dispensés de toute publicité, furent déclarés propriétaires incommutables du jour de la publication de la loi (art. 51) et soumis à l'impôt foncier tel qu'il était réglé, sous forme de redevance, par loi de 1810, attendu qu'aucun immeuble ne pouvait en être dispensé.

Mais ils ne furent point obligés de payer la redevance au propriétaire de la surface. On s'appuya pour

justifier cette disposition, sur ce qu'ils étaient en possession de la mine avant la loi de 1810, sous l'empire
d'une législation qui ne les assujétissait absolument
à aucune obligation envers le propriétaire de la surface. Nous ne croyons pas cette disposition rigoureu-
sement équitable, car il est bien évident, quoi qu'on
puisse dire, que l'État transformait en une propriété
perpétuelle, au moins à partir du jour où aurait cessé
l'ancienne concession, ce qui n'était qu'un droit de
jouissance temporaire; et puisque l'on avait solennellement proclamé le droit du superficiaire, l'État
eût bien pu forcer les propriétaires nouveaux à en
tenir compte, comme il les forçait à tenir compte des
droits qu'il s'était attribué sur les mines.

Si le bénéfice de la loi de 1810 n'est qu'une concession nouvelle, comment devons-nous régler les droits
de l'usufruitier et de la communauté? Pour la communauté, d'abord, nous avons dit que la concession accordée pendant le mariage était un acquêt; devons-nous,
en vertu de ce principe, décider que la concession faite
de nouveau par la loi de 1810 est un acquêt? Comment réglera-t-on d'autre part les droits acquis par
un usufruitier sur la mine, si la constitution de son
droit a eu lieu avant la loi de 1810? La loi est muette
sur tous ces points : il nous paraît être dans l'esprit
de la loi de donner un caractère rétroactif à la nouvelle concession qu'elle fait; nous l'avons prouvé
jusqu'à l'évidence, en déplorant la position qu'elle
fait au superficiaire. Nous croyons donc qu'il faut,
à l'égard de l'usufruitier et de la communauté, con-

sidérer la concession comme remontant à sa date première, et en régler les effets d'après cette idée (1).

134. La loi de 1791 était venue à une époque de troubles et n'avait jamais été exécutée qu'en partie; depuis longtemps déjà, l'administration, qui savait que le gouvernement méditait de soumettre les mines à un nouveau régime, ne veillait plus sévèrement à son exécution. Après sa promulgation, du reste, de vastes provinces avaient été ajoutées à l'empire français. La loi avait bien été promulguée dans quelques-unes de ces nouvelles conquêtes, mais beaucoup d'exploitants, incertains sur la durée de notre occupation, ne s'y étaient pas soumis; il importait de faire cesser toutes ces variations, toutes ces anomalies dans la loi. On aurait pu simplement déclarer vacantes les mines qui ne s'étaient pas soumises à la loi de 1791 et décider qu'il y avait lieu, de la part de l'État, à une nouvelle concession, sans aucune cause de préférence pour le possesseur actuel, mais cette mesure parut trop sévère au législateur : il préféra poser comme règle générale, que tous ceux qui étaient en possession actuelle d'une mine, et qui n'avaient pas accompli les formalités prescrites par la loi de 1791, en recevraient la concession, à charge de faire fixer les limites de leur concession et d'acquitter toutes les redevances au profit de l'État; mais, par un sacrifice incroyable du droit des particuliers, ils ne furent pas soumis à acquitter la redevance envers le superficiaire. Cette

<hr>

(1) En sens contraire, Proudhon, Dom, p., n. 764.

décision est encore ici beaucoup plus sévère que dans le cas précédent.

Il est vrai que par un autre article de la loi (41 l. de 1810) confirmé par l'art. 53, les exploitants étaient obligés d'exécuter tous les traités privés, de payer toutes les rentes et prestations qui n'auraient pas un caractère féodal, soit qu'elles fussent établies au profit du propriétaire de la surface, ou de tout autre; c'est ainsi qu'on conserva des redevances consenties même à un seigneur haut-justicier, parce que le seigneur haut-justicier n'ayant pas, aux termes des ordonnances alors en vigueur, le droit d'imposer une redevance aux exploitants, ce droit étant régalien et appartenant essentiellement à la couronne, les redevances établies avaient le caractère de traité privé, et n'avaient pas pour base des relations féodales (1). Ainsi donc tout traité où ne se trouve pas d'une manière évidente le caractère de féodalité doit être conservé : c'est là une interprétation rendue nécessaire par la sévérité de la loi à l'égard du superficiaire. Il eût été pourtant bien juste de dire : Nous mettons entre les mains du possesseur une propriété nouvelle, à charge d'acquitter toutes les obligations que la loi de 1810 impose aux concessionnaires; mais on a craint de blesser des droits acquis.

135. Des dispositions que nous venons de faire connaître, il résulte des questions assez difficiles. D'abord, on ne l'a pas oublié, la loi de 1791 recon-

____

(1) Cassation, 15 mai 1835.

naissait au propriétaire de la surface le droit d'exploiter jusqu'à 100 pieds de profondeur, et cela sans
concession. Les dispositions de la loi de 1810 sont-
elles applicables à ces exploitations? La jurisprudence
s'est prononcée pour la négative, en s'appuyant sur
ce qu'il n'y avait pas eu de concession, et que partant
les dispositions des art. 51 et 52 n'étaient pas applicables; que quant aux articles subséquents ils pré-
voyaient spécialement les cas où la loi de 1791 n'avait
pas été exécutée; que par conséquent on ne pouvait
les invoquer dans une question où il s'agissait précisément de savoir quel était le résultat de l'exécution
d'une des dispositions de la loi de 1791. Autre question, la loi de 1791 prononçait la déchéance contre
les concessionnaires qui n'exploitaient pas. L'exploitant qui avait abandonné la mine, mais dont la déchéance n'avait pas été prononcée administrativement,
pouvait-il se prévaloir du bénéfice de la loi de 1810.
L'administration s'est prononcée pour l'affirmative;
il est vrai que dans l'espèce proposée, il était de l'intérêt de l'administration de prendre cette décision;
en effet, aux termes de l'art. 52, les concessionnaires
reconnus d'après l'art. 51, par le fait même de
la loi, indépendamment de toute démarche de
leur part, doivent la redevance à l'État, or dans
l'espèce , l'État réclamait précisément la redevance à un concessionnaire qui avait abandonné
la mine avant la loi de 1810, et n'avait pas cru être
compris dans les dispositions de cette loi; mais l'administration décida qu'attendu qu'il n'y avait pas

déchéance tant qu'elle n'avait point été prononcée, le concessionnaire avait joui du bénéfice de l'art. 51 et, par conséquent, qu'il devait supporter la redevance établie par l'art. 52. L'administration le déchargeait généreusement de la redevance proportionnelle, attendu qu'il n'y avait pas eu de produits, et des redevances fixes qui pourraient être dues à l'avenir.

136. La loi nouvelle voulant faire cesser toutes les difficultés que pourraient faire naître les usages locaux et les anciennes lois, il fut spécifié que toutes ces questions, ainsi que celles d'indemnités, seraient réglées par l'acte de concession; laissant aux tribunaux ordinaires le soin de connaître des difficultés entre particuliers, qui n'auraient pas été tranchées par l'acte de concession.

CHAPITRE III.

Des minières, des carrières, des permissions pour établir des usines.

—◦—

SECTION I. — *Des minières (loi du 21 avril 1810, art. 57 à 73).*

137. Après avoir épuisé ce qui a trait aux mines, nous passons à la deuxième catégorie des exploitations minérales, c'est-à dire aux minières. Le minerai de fer est spécialement l'objet des règles de cette section. L'importance de ce métal, les nombreuses applications qu'il peut avoir faisaient un devoir au législateur de s'en occuper particulièrement. L'art. 3 de notre loi a classé les minerais de fer d'alluvion dans les minières; l'article 57 déclare que les minières ne peuvent être exploitées qu'avec permission. Une fois le principe général posé, voyons comment la loi en fait l'application.

138. Il est véritablement impossible de reconnaître dans cette partie de la loi le plan si logique du législateur; cette méthode si sûre, qui faisait le mérite des dispositions relatives aux mines. Dans notre

section les règles semblent se contredire les unes les autres. En effet, l'art. 3 de la loi disait : Les minières sont : les exploitations des *minerais de fer d'alluvion. Les terres pyriteuses qui peuvent être converties en sulfate de fer, les terres alumineuses et les tourbes.* Lorsque nous arrivons aux articles spéciaux de la loi sur les minières, nous cherchons les tourbières pour leur appliquer ces règles générales. Nullement : ces règles ne leur sont pas applicables, elles sont soumises à la même législation que les carrières. Mais alors pourquoi les avoir placées dans la classe des minières, pourquoi ne les avoir pas classées avec les carrières, puisqu'on devait les assujétir aux mêmes règles? Et remarquez que cette classification de la loi, qui met les tourbières parmi les minières, est purement arbitraire ; qu'elle n'est pas fondée sur la nature des choses, et qu'on eût pu, sans cesser d'être logique, classer les tourbières parmi les carrières, ce qui eût fait disparaître une contradiction évidente, qu'il est toujours fâcheux de trouver dans une loi.

Est-ce le seul reproche de ce genre qu'il y ait à adresser à la loi? Non vraiment : les minières sont soumises, dit l'art. 57, au régime des permissions ; on entend par permission une autorisation qu'on demande à l'administration, et qu'elle accorde ou refuse comme elle le juge convenable. On devrait conclure de là que les minerais de fer d'alluvion, classés par l'art. 3 parmi les minières, ne peuvent être exploités qu'avec une permission : ce serait une grave erreur, l'art. 59, venant contredire immédiatement l'art. 57, porte que le propriétaire d'un fonds où il y aura du minerai de fer pourra l'exploiter en faisant une simple déclaration au préfet, qui lui donnera acte de cette déclaration ; cela vaudra permission, et pourtant, les minières ne sont, dit l'art. 57, exploitables qu'avec une permission déterminant les limites de l'exploitation et les règles, sous les rapports de sûreté et de salubrité. Ces dispositions ne sont pas faites pour les exploitations des minerais de fer d'alluvion, qui sont les minières les plus importantes, dans le cas où ils sont extraits par le propriétaire du fonds où ils se trouvent, ce qui est le cas le plus fréquent : c'est une règle singulière, que celle qui contient plus d'exceptions que d'applications.

139. Nous avons vu jusqu'ici, quand il n'y avait pas lieu à accorder des permissions pour ouvrir des minières, voyons maintenant quand la permission sera nécessaire à leur exploitation. D'abord, toutes les fois qu'il s'agira de terres pyriteuses ou alumineuses, elles ne pourront être exploitées qu'avec une permission, même lorsque c'est le propriétaire du fonds où se trouvent ces terres qui voudra exploiter (1). Voilà une application véritable et complète du principe posé. La permission ne pourra être accordée aux étrangers que si le propriétaire de la surface ne l'a pas demandée ; elle ne le sera que sur l'avis de l'ingénieur des mines, après que le proprié-

_____

(1) Loi du 21 avril 1810, art. 71, 72.

taire aura été entendu (1). La loi reconnaît d'une manière positive le droit de propriété du superficiaire sur ces matières; elle le consacre non-seulement par un droit de préférence pour l'exploitation, mais aussi par une indemnité qui sera réglée de gré à gré ou par experts.

L'administration est chargée d'accorder une permission dans un deuxième cas. C'est lorsque le propriétaire du terrain où se rencontre du fer d'alluvion ou n'exploite pas lui-même ou cesse d'exploiter, ou enfin s'il n'a pas une exploitation assez active; sur quoi est fondée cette disposition? Le propriétaire de la surface est reconnu comme propriétaire du fer d'alluvion, de là vient qu'il peut l'exploiter sur simple déclaration (2). Mais si la loi lui accorde cette faveur, l'État est trop intéressé à la mise en valeur du minerai de fer pour lui laisser la faculté de ne pas exploiter ou de cesser d'exploiter, ce qui peut compromettre l'existence des usines environnantes. Le propriétaire qui exploite est donc obligé de fournir du minerai de fer en quantité suffisante aux usines légalement autorisées existant dans le voisinage, en tant, bien entendu que le permet la richesse métallique du sol. Lorsqu'il cède à l'amiable son exploitation, il n'est pas affranchi de cette obligation, et vis-à-vis de l'administration son cessionnaire n'est con-

(1) Loi du 21 avril 1810, art. 60. Locré, t. IX, p. 263 et 478.

(2) Nous ne pouvons trouver le motif de la différence faite par la loi entre le propriétaire sur le fonds duquel il y a du minerai de fer, et celui sur le fonds duquel il y a des terres pyriteuses.

sidéré que comme son mandataire (1). Comment doit-
on entendre ces mots dans le voisinage, qui sont les
termes dont se sert la loi elle-même; leur interprétation a donné lieu à quelques difficultés, voici quel
sens il faut leur donner: il y a voisinage lorsqu'il n'y
a pas d'endroit plus proche, où ces usines puissent
se procurer du minerai (2).

Que faut-il décider quand il y a désaccord entre
les maîtres de forge sur la quantité de minerai à accorder à chacun d'eux? Le cas a été prévu par l'art. 64.
C'est au préfet qu'il appartient de régler, comme il
est dit en cet article, pour quelle part chaque maître
de forges pourra acheter du minerai. Il n'existe aucun privilége au profit des usines anciennement établies (3). De même l'exploitation peut ne pas être
restreinte aux besoins des usines du voisinage,
pourvu que l'exploitant ait satisfait à ses obligations
envers elles; il est libre de donner à son exploitation
telle extension qu'il lui conviendra, et les usines
voisines ne pourraient pas se plaindre, en disant que
le propriétaire, par son exploitation, épuise le minerai qui se trouve sur son fonds et qu'il leur porte
un préjudice considérable (4), car après l'épuise-
me t, ils seront obligés de se fournir dans des exploi-

(1) Husson, p. 714; arrêté ministériel, 12 juin 1837; instruction
du 30 novembre 1837.
(2) Locré, t. IX, p. 262; arrêté ministériel, 30 juin 1837.
(3) Arrêté ministériel, 18 septembre 1840; Annales des mines,
t. XVIII, p. 774.
(4) Arrêté ministériel, 1er juillet 1826.

14

tations plus éloignées, ce qui augmentera leurs frais de fabrication. On ne crée pas des restrictions à la liberté des propriétaires, lorsqu'elles ne sont pas écrites dans la loi. Disons, pour terminer, que le maître de forges qui tire du minerai de son propre fonds pourrait cependant concourir avec ses voisins; 1° si le minerai extrait par lui n'était pas de même qualité que celui dont il veut avoir; 2° s'il ne pouvait en extraire assez sur son propre fonds pour satisfaire aux besoins de son usine, mais *vice versa*. Le maître de forges extrayant du minerai sur son propre fonds serait forcé d'en fournir aux usines voisines, comme un autre exploitant. La jurisprudence est constante à cet égard (1).

140. Une nouvelle obligation imposée au propriétaire, c'est de subir une limitation dans son prix; généralement tout marchand a le droit de fixer au consommateur le prix qu'il entend retirer de sa marchandise, mais l'utilité du fer ne permet pas de laisser toute liberté à l'exploitant. Si le prix ne peut être fixé de gré à gré, il sera déterminé par experts. Toutefois ces contestations seront du ressort de la juridiction ordinaire (2), tandis que les questions relatives aux quantités de minerai à extraire sont du ressort de la juridiction administrative. Le prix sera calculé sur le minerai lavé, en vertu du principe (3),

(1) Husson, p. 715, Proudhon. Dom. priv, n. 737.
(2) Locré, t. IX, p. 188.
(3) Proudhon, t. II, p. 366, Dom. pr., loi de 1791, art. 13, tit. 2.

que chacun a le droit de s'assurer de la valeur de la chose qu'il achète.

141. Si le propriétaire n'exploite pas, les maîtres de forge auront la faculté d'exploiter à sa place, à charge d'en prévenir le propriétaire par acte extra-judiciaire ; un acte administratif ne serait pas suffisant (1). Dans un mois, à partir de la notification, le propriétaire pourra exploiter lui-même, et s'il n'a pas pris ce parti dans ce délai, il sera considéré comme ayant renoncé à l'exploitation. Dans ce cas le maître de forges, s'il a obtenu la permission du préfet, accordée sur l'avis de l'ingénieur des mines, après avoir entendu le propriétaire ; le maître de forges, disons-nous, pourra commencer immédiatement les fouilles, s'il s'agit de terres incultes ou en jachères, et immédiatement après la récolte si les terres sont ensemencées. L'avis de l'ingénieur des mines est exigé et la communication au propriétaire requise ; parce qu'une expropriation étant toujours une chose grave, on a voulu prendre toutes les précautions pour éviter une dépossession abusive. Il y a, dans le refus d'exploiter du propriétaire, une forte présomption que l'exploitation ne doit pas être fructueuse.

La permission d'exploiter sera considérée comme non avenue si le maître de forges n'en use pas dans le mois qui suivra la permission, sauf le cas de terre ensemencée ; cette disposition, quoique appli-

____

(1) Arrêté ministériel du 31 juillet 1837 ; Annales des mines, t. xii, p. 642.

14.

quée par la loi à un cas spécial, doit, selon nous, être généralisée; si l'on n'admettait pas ce dernier point, il faudrait qu'on en fît usage, toujours dans un délai déterminé, car elle tomberait alors sous l'application de l'art. 76 de notre loi.

142. Les maîtres de forges auront encore le droit de demander au préfet la permission d'exploiter, lorsque le propriétaire n'exploitera pas en quantité suffisante; mais il va de soi que, dans ce cas particulier, le propriétaire pourrait néanmoins continuer son exploitation, il serait seulement forcé de laisser le maître de forges, ayant obtenu la permission, exploiter concurremment avec lui. Le préfet devra également autoriser les maîtres de forges à exploiter, lors que le propriétaire aura, sans cause légitime, suspendu son exploitation pendant plus d'un mois. Il appréciera la cause de l'abandon, jugera si elle est légitime. Le préfet devra prendre l'avis de l'ingénieur des mines; la notification devra être faite au propriétaire, qui doit toujours être entendu. Toutes les formalités relatives aux permissions, en pareille matière, sont réglées par un article général qu'il convient d'appliquer à tous les cas, car il est protecteur des droits du propriétaire. Souvent il arrivera que ce droit d'exploiter à la place du propriétaire sera simultanément demandé par plusieurs maîtres de forges à la fois : dans ce cas le préfet réglera, sauf recours au conseil d'État, sur l'avis de l'ingénieur des mines, pour quelle part chaque maître de forges sera autorisé à exploiter. S'il n'y avait pas eu demande simultanée,

et qu'un seul maître de forges eût obtenu la permission, on ne pourrait modifier le droit qu'il a acquis, mais il serait forcé de fournir du minerai aux autres usines; en effet, il est mis à la place du propriétaire.

Si le minerai se trouve dans les forêts de l'État ou dans les fonds des communes ou établissements publics, les permissions pourront être accordées par le préfet, après avoir entendu l'administration des forêts s'il s'agit de bois. La permission fixera les limites où l'exploitation pourra avoir lieu.

143. Le permissionnaire doit des indemnités au propriétaire pour trois objets différents : 1° pour le dégât causé; 2° pour la valeur du minerai; 3° quand l'exploitation a cessé, il doit ou rendre le terrain propre de nouveau à la culture ou indemniser le propriétaire. Ces indemnités seront réglées par experts suivant la situation des lieux, le dommage causé, la valeur du minerai, distraction faite des frais d'extraction; les contestations qui pourraient s'élever à ce sujet sont de la compétence des tribunaux ordinaires (1). Si l'extraction a lieu dans les bois de l'Etat, les exploitants ne seront soumis qu'à la double obligation de réparer les dégâts commis et de replanter les terrains exploités; l'État ne réclame pas d'indemnité pour la valeur du minerai enlevé (art. 67, loi de 1810). La loi du 25 juin 1841 avait cependant fait une réserve, au profit du Trésor, d'un ving-

____

(1) Locré, t. IX, p. 288.

tième de revenu, revenant aux communes pour extraction de minerai dans les bois communaux ; car elles sont traitées comme des propriétaires privés, mais cette perception a été abolie par l'art. 6, loi du 19 juillet 1845.

Les maîtres de forges, qui auront obtenu la faculté d'exploiter, ne pourront le faire qu'à découvert. Ils ne pourront pas creuser des puits ou établir des galeries, sans avoir obtenu une concession. Le minerai de fer et les terres pyriteuses à base de fer sont les seules substances qui soient rangées tantôt dans la classe des mines, et tantôt dans la classe des minières, suivant le mode d'exploitation. Les règles qui leur sont particulières ne sont susceptibles d'être appliquées à aucune autre matière minérale (1). Les expressions puits et galeries doivent être entendues avec discernement, ainsi il ne faut pas appeler galerie une excavation sans issue, ou puits, des trous d'où l'on extrait du minerai, et que l'on creuse sans enlever les parties environnantes ; mais lorsqu'il y a réellement des travaux souterrains, c'est alors seulement qu'il y a mine, et qu'il y a lieu à concession.

143. Selon qu'il y aura mine ou minière, les principes de la propriété seront bien différents : au premier cas, nous retombons sous l'empire des règles énoncées au chapitre précédent, c'est-à-dire que nous admettons les principes de cette propriété imparfaite du superficiaire, qui se traduit par le droit à une re-

(1) Ordonnance du 10 octobre 1819.

devancé; elle peut, il est vrai, avoir ici un caractère spécial.

En effet, la loi reconnaît formellement que le fer est la propriété du superficiaire. Son exploitation étant généralement facile et peu coûteuse, ne demandant pas l'installation de puissantes machines, il a paru trop dur au législateur de le dépouiller d'un produit qu'il avait dû s'habituer à considérer comme sa propriété ; mais lorsque ces conditions d'une exploitation facile cessent, lorsqu'il est à craindre que l'exploitation du fer comme minière ne soit épuisée en peu de temps, et ne fasse perdre une riche mine, il faut éviter ces dangers ; et comme la loi ne peut être faite pour chaque espèce particulière, elle pose un principe général ; or, dans le système de la loi, il y a présomption qu'il est dangereux de laisser au superficiaire cette liberté qu'elle lui avait accordée : 1° lorsque l'exploitation ne peut avoir lieu que par puits et galeries; 2° lorsqu'elle ne peut avoir lieu à ciel ouvert, que pour un temps restreint et en compromettant l'exploitation future. Dans ces deux hypothèses il y a lieu à concession.

144. Si la concession n'est pas accordée au superficiaire, il faut distinguer entre deux cas : dans le premier, il aura droit à la redevance telle qu'elle est réglée par les art. 6 et 42 de notre loi ; dans le second, si toutefois l'exploitation a commencé avant que l'administration ait jugé qu'il y avait lieu à concession, et que cette concession soit venue l'interrompre dans la jouissance de sa minière, il aura droit à une rede-

vance proportionnelle au revenu qu'il en tirait. C'est ainsi que doit être expliqué le n° 2 de l'art. 70 de la loi de 1810, nonobstant la généralité de ses termes. Mais, comme nous le disions en commençant cette section, soit que le minerai de fer soit exploité par un concessionnaire, soit qu'il soit extrait par un permissionnaire, propriétaire ou non du fonds, l'utilité de ce métal, pour l'État et pour l'industrie privée, l'a fait assujettir, dans l'intérêt commun, à certaines règles restrictives de la liberté d'exploitation. Ainsi, l'obligation de fournir du minerai aux usines voisines est imposée aux concessionnaires aussi bien qu'aux propriétaires des minières.

La quantité à fournir, le prix, seront fixés par l'administration ou par le cahier des charges. S'il y a des variations dans le prix, il devra être modifié (1). Ceci est une différence notable entre les mines et les minières, car, lorsqu'il s'agit de minières, le prix est réglé par experts et les contestations sont du ressort des tribunaux civils (2).

145. La loi de 1810 a changé le système de la loi de 1791 sur les minerais de fer; ils étaient concessibles dans les mêmes cas où ils sont simplement permissibles, du moins cette autorisation était appelée concession. De là, une question assez importante. La loi de 1810, art. 51, porte que toutes les anciennes concessions deviendront perpétuelles à partir du jour

(1) Locré, t. IX, p. 331.
(2) Proudhon, Dom. privé, t. II; p. 373.

de sa publication; faut-il dire que les minières qui avaient été concédées en raison de la loi de 1791 seront soumises à l'art. 51, et que la concession qui en avait été faite deviendra perpétuelle? Cette solution doit être rejetée; en effet, cette disposition de la loi de 1810 équivaut à une concession nouvelle. Or, peut-on dire qu'une loi contient une disposition où elle concède les minières, alors qu'elle pose en principe qu'il n'y a pas lieu à concession pour les exploitations de cette nature (1); de plus, la concession des minerais de fer, dans la loi de 1791, n'était réellement une concession que de nom.

Le cas où il se trouve concurremment sur le même terrain une mine et une minière de fer, a été prévu par notre loi. Dans cette hypothèse, s'il y a connexité entre les deux exploitations, que l'extraction du minerai dans la minière puisse compromettre l'avenir de la mine, on interdit l'exploitation de la minière pour concéder la mine. Mais on n'avait pas prévu le cas, pourtant assez fréquent, où du minerai de fer se trouve dans le même sol que la houille; cette hypothèse a été réglée par l'ordonnance du 21 novembre 1821.

Voici, en peu de mots, quelles sont ses dispositions: Si les travaux de la minière doivent entraver ceux de la houillère, on empêche l'exploitation de la minière. Si une mine de fer se trouve dans le même sol qu'une mine de houille, il faut distinguer s'il y a

____

(1) Arrêtés ministériels, 28 janvier 1812 et 25 novembre 1837.

connexité entre les deux substances : 1° s'il n'y a pas connexité, il y a lieu à concession pour la mine de fer, à concession pour la mine de houille : l'exploitation des deux substances reste distincte; 2° s'il y a connexité, le concessionnaire de la mine de houille devra également obtenir la concession de la mine de fer, et, s'il ne veut pas de cette concession, il devra s'entendre avec le concessionnaire de la mine de fer pour faire concorder leurs travaux; ils se tiendront compte, au moyen d'indemnités réciproques, des travaux qui auraient nui ou profité à l'une ou à l'autre des exploitations. Les questions de connexité seront du ressort de l'administration. Dans tous les cas, le superficiaire a droit à une double redevance. (Loi de 1810, art. 6 et 42.)

146. En résumé, des substances que la loi de 1810 a classées parmi les minières, qui, selon l'art. 57, ne peuvent être exploitées qu'avec une permission, une seule est véritablement soumise à cette règle. Ce sont les terres pyriteuses ou alumineuses. Une autre n'y est soumise que lorsque le propriétaire ne veut pas exploiter lui-même, c'est le minerai d'alluvion. La troisième enfin n'y est soumise en aucune manière; l'exploitation des tourbières ne peut être faite que par le propriétaire du terrain, et il lui suffit pour cela d'une simple déclaration. En aucun cas, l'exploitation des minières n'est soumise à la redevance fixe ou proportionnelle de l'art. 33 de la loi de 1810, car, ainsi que nous l'avons expliqué, ces redevances représentent l'impôt foncier, et les mi-

nières y étant soumises comme les autres terres ne doivent pas être frappées d'un droit spécial.

SECTION II. — *Des permissions pour l'établissement des usines (loi de 1810, art. 73 à 31).*

147. Le système des permissions n'a pas été institué seulement pour les minières, il est d'autres cas où les particuliers doivent avoir recours à l'administration pour fonder des établissements d'un genre tout différent. Bien que ces dispositions soient étrangères à notre sujet, cependant, comme la loi de 1810 leur a consacré quelques articles, nous devons brièvement exposer les règles qui y sont renfermées. On s'étonne, au premier abord, dans une loi relative aux exploitations minérales, de trouver des dispositions complétement étrangères à cet objet ; mais les matières métalliques ne sont pas prêtes à être livrées au consommateur au moment même où elles sortent du sein de la terre : elles sont mélangées avec des substances étrangères, dont il faut les séparer, c'est là, pour ainsi dire, une dernière opération, qui n'est que le complément de la première. Le législateur a cru devoir s'en occuper spécialement, afin de présenter une œuvre complète.

148. Les usines où sont traités les minerais de fer et autres substances métalliques sont soumises au régime des permissions, mais ce n'est plus du préfet qu'elles émanent, c'est de l'autorité supérieure,

comme les concessions; il y a même une grande analogie entre l'instruction qui prépare ces deux actes
administratifs. En effet, la demande en permission
sera adressée au préfet, et inscrite par lui sur un registre spécial à ce destiné; elle sera affichée dans le
chef-lieu du département, de l'arrondissement, et
dans la commune où l'établissement est projeté, ainsi
que dans la commune où l'impétrant a son domicile. Dans le délai d'un mois, le préfet transmettra à
l'administration la demande première et les demandes en préférence qui lui seront parvenues,
Quant aux demandes et aux oppositions tardives,
nous croyons qu'il faut leur appliquer les mesures
prescrites à leur égard au cas de concession (1).

Le préfet donnera son avis. L'administration des
mines sera consultée sur la quotité du minerai à
traiter; elle donnera son avis sur l'utilité de l'établissement, sur le meilleur mode d'exploitation à suivre,
sur le meilleur système de machines à établir, de
chauffage à employer. L'administration des ponts
et chaussées sera également appelée à donner son
avis, si l'usine projetée doit être mue par un cours
d'eau navigable ou flottable (art. 74). Enfin, l'administration des forêts sera aussi entendue s'il s'agit
d'une usine où on doive se servir de bois comme
moyen de chauffage.

Quant aux usines mues par la vapeur, s'il ne doit
pas y avoir de bois employé dans le chauffage, l'ad-

____

(1) *V.* plus haut, chap. 3 sect.

ministration des forêts restera étrangère à l'instruction; ce point sera examiné par l'administration des
mines (1). Les impétrants doivent mentionner dans
leurs demandes quel est le minerai qu'ils veulent
traiter, quel est le mode d'exploitation qu'ils prétendent adopter, quel est le combustible dont ils veulent se servir; c'est suivant ces renseignements, pris
dans la demande qu'on devra soumettre la permission
à l'avis des différentes administrations, comme nous
l'avons dit plus haut.

La permission pour l'exploitation des usines sera
accordée dans la forme des règlements d'administration publique, c'est-à-dire par décret délibéré en
conseil d'État. L'impétrant en permission payera une
taxe, une fois payée, de 5o à 3oo francs ; bien entendu quand il aura obtenu la permission de créer
l'établissement projeté, il ne sera soumis à aucune
autre redevance (2). Aucun changement important
ne pourra être fait dans l'usine sans la permission de
l'administration supérieure. La permission d'une
usine à traiter le fer aura ce singulier effet de valoir
permission d'exploiter le minerai de fer, et suppléera
l'autorisation préfectorale, que doivent obtenir les
maîtres de forges quand ils n'exploitent pas sur leur
terrain, mais elle ne vaudra pas dispense des autres
obligations imposées par les art. 59 et suivants.

149. Ces dispositions, qu'il faut se garder de con-

(1) V. circulaire ministérielle, 3 août 1810.
(2) Locré, t. ix, p. 270.

fondre avec les autorisations nécessaires pour fonder les usines classées par la loi parmi les établissements insalubres (1), sont une haute protection accordée à l'industrie, non pas pour détruire les effets de la libre concurrence, mais pour empêcher ses excès ; aussi l'opposition fondée sur ce qu'on exploite déjà dans la contrée une usine de la même nature que celle que l'on demande à établir ne serait pas recevable ; mais il n'en serait pas de même si l'opposant établissait que l'eau qui sera absorbée par la nouvelle usine l'empêchera de pouvoir continuer son exploitation (2), ou bien que la quantité de minerai que demande la nouvelle exploitation ne pouvant être fournie par les mines du pays, cette nouvelle usine ruinera l'industrie métallurgique dans la contrée.

Il va sans dire que l'autorisation devra être obtenue avant le commencement des travaux : du reste, cette règle ne sera pas éludée, car elle a une sanction fort efficace dans le droit qu'aurait l'administration de faire fermer l'usine non autorisée.

150. Les permissions sont données à charge d'en faire usage dans un délai déterminé par l'acte de per-

---

(1) Les établissements insalubres sont rangés en trois classes, suivant les inconvénients et les dangers qu'ils présentent, chacune de ces classes est soumise à des conditions d'autorisation et de publicité différentes. Beaucoup des usines où sont traités les métaux sont considérées comme établissements insalubres. Les règles auxquelles l'art. 73 soumet leur création ne les dispense nullement de remplir les formalités prescrites pour l'ouverture des établissements insalubres de leur classe.

(2) V. thèse de doctorat de M. L. Vinglain, n° 91 et suiv.

mission; la loi le fixe elle-même à un mois pour l'exploitation des minerais de fer; elles ont une durée indéfinie. Cependant quelquefois l'acte de permission contiendra une limite; c'est ce qui arrivera notamment lorsqu'il s'agira de permissions accordées à des sociétés anonymes; ces sociétés n'étant jamais autorisées que pour un temps déterminé. La suspension de l'exploitation vaudra renonciation (1), et il faudra pour pouvoir reprendre les travaux dans l'usine où ils auront été suspendus une nouvelle permission, car il arrivera souvent que les matières employées par l'usine en activité, depuis qu'elle a cessé de marcher, auront reçu une autre destination à laquelle on ne pourrait les soustraire sans de graves inconvénients, ou bien que d'autres usines auront été autorisées précisément parce que celle-là avait cessé son exploitation.

151. Le législateur de 1810 a déterminé, par des dispositions transitoires, la situation des concessionnaires antérieurs à la loi; il en est de même des permissionnaires : ceux qui avaient été autorisés antérieurement à la loi sont maintenus dans leurs droits; ceux qui n'avaient jamais eu de permission, ou qui ne pourraient pas la représenter, sont obligés de s'en munir d'une avant le 1er janvier 1813; faute par eux de l'avoir fait, ils payeront un triple droit de permission par chaque année que durera leur exploitation irrégulière. Les deux dispositions précédentes sont applicables aux usines et aux minières soumises à la

---

(1) Instruction ministérielle du 3 août 1810.

permission ; ce sont des règles générales, assujétissant tous ceux qui doivent avoir un de ces actes. La disposition de l'art. 80 s'applique non-seulement à tous les permissionnaires, mais aussi aux concessionnaires. Ils sont autorisés à ouvrir des chemins et voies de communication nécessaires à leur exploitation, non-seulement sur leurs terrains, mais aussi sur les terrains qui ne leur appartiennent pas, à charge d'indemnité envers le propriétaire du sol, et sous la réserve des dispositions contenues dans l'art. 11 de la loi de 1810. Il y a là une disposition grave. L'indemnité sera réglée suivant les principes de l'art. 44 de la loi de 1810.

SECTION III.—*Des carrières et tourbières (loi de 1810, art. 81 à 87).*

152. La troisième classe des exploitations minérales comprend les carrières ; leur propriété complète et entière est entre les mains du superficiaire, non-seulement il a seul le droit d'ouvrir des carrières sur son terrain, mais il ne peut pas être dépouillé quand il n'exploite pas; de plus, il n'est soumis à aucune taxe ni redevance ; moyennant l'impôt foncier qu'il paye pour la surface, on lui laisse la propriété du sous-sol franche et quitte envers l'État. Il est seulement soumis à la surveillance et contraint de se soumettre aux règlements locaux. Toutefois la surveillance sera différente, suivant le mode d'exploitation qu'il emploiera. L'exploitation a-t-elle lieu à ciel ouvert, il n'est assujetti qu'à

la surveillance de la police. A-t-elle lieu par galeries
souterraines, la règle change; les mêmes dangers
d'éboulement, d'asphyxie, se retrouvent, que dans les
travaux des mines. Il sera donc soumis à une surveillance analogue. C'est, en effet, ce que prescrit l'art. 82
de notre loi, qui renvoie à son titre V (1).

Mais remarquez que l'analogie entre les mines et
les carrières ne s'étend pas plus loin. Ainsi, dans l'exploitation des carrières, il n'y a jamais lieu d'appliquer l'art. 11 ou l'art. 15 de notre loi ou autres dispositions de la même nature. D'où vient cette différence? C'est que la loi n'accorde au carrier aucun
moyen de pousser son exploitation en dehors de sa
propriété et de continuer ses travaux dans le tréfonds
d'autrui, malgré lui. C'est que la propriété des substances rangées dans les carrières est, d'une manière
bien complète, assignée par la loi au propriétaire de
la surface, et qu'elle n'admet pas des expropriations,
comme elle le fait pour les substances qu'elle qualifie
mines. Si le carrier entre sur le terrain d'autrui, ce ne
sera jamais qu'avec son consentement, et alors les indemnités seront fixées à l'amiable (2), ou bien, si
l'exploitant n'a pas le consentement du propriétaire,
il aura violé les droits de propriété, préjudice pour
lequel la partie lésée obtiendra des dommages-inté-

(1) *V.* plus loin, section II du chapitre IV de cette partie.
(2) *V.* déclaration du 17 mars 1780, qui interdit positivement de
pénétrer sur le terrain d'autrui, par galeries, sous peine d'amende
et dommages-intérêts. *V.* en sens contraire, Fournel, traité du voisinage. *V.* Carrières.

rêts des tribunaux. Cependant si les travaux se rapprochaient trop d'édifices et faisaient craindre des éboulements, la Cour de Cassation a décidé qu'il y avait lieu à donner une caution, parce que cette crainte diminuait la valeur vénale de l'édifice (1).

153. Nonobstant le principe de la libre exploitation des carrières, et encore que la loi ne s'en explique pas en termes formels, il n'en faut pas moins dire que le propriétaire qui veut ouvrir une carrière doit en faire la déclaration à l'autorité (1); en effet, cela résulte implicitement des termes de la loi. Puisque l'exploitant est soumis à la surveillance de l'administration et à celle de l'ingénieur des mines, il est nécessaire que l'administration soit prévenue. Cette déclaration devra être faite au sous-préfet, argument d'analogie de l'art. 84; mais il ne faut pas conclure que le préfet aurait le droit de refuser cette permission; il ne pourrait s'opposer à l'exploitation que dans les cas prévus par les titres v de la loi et le décret du 3 mai 1813. L'art. 81 de la loi de 1810 soumet à cet égard les carrières au même régime que les milles. En outre, les carrières sont soumises aux règlements locaux; il en résulte que la législation de la police des carrières n'a aucune unité, elle est réglée par les arrêtés préfectoraux confirmés par le ministre des travaux publics, suivant les besoins des localités (3). Quant aux carrières

(1) 3 janvier 1838, cassation.
(2) Arrêté du 22 mai 1813, art.
(3) 22 mars 1813 (Seine et Seine-et-Oise), 22 mars 1813 et 4 juillet 1813 (mêmes départements, pierres à bâtir). 21 octobre 1814,

qui peuvent être exploitées à ciel ouvert, n'étant assujetties qu'à la surveillance de la police, elles peuvent être ouvertes sans déclaration préalable (1).

154. Quelleque soit cependant la liberté dont jouissent les propriétaires des terrains où il se trouve des carrières, ils ne sont cependant pas soustraits aux règles générales de l'expropriation pour cause d'utilité publique. C'est de là que résulte pour eux l'obligation de fournir ou de laisser prendre à l'administration, les pierres nécessaires (2) à la réparation et à la confection des routes, moyennant indemnité. Quant à la quotité de l'indemnité, elle variera selon que la carrière sera ou non exploitée; ainsi, si la carrière n'est pas ouverte, l'indemnité ne sera que de la valeur du terrain : c'est une véritable expropriation sans indemnité; si au contraire la carrière est ouverte (3), elle sera de la valeur de la pierre. Seront considérées comme extraites dans une carrière ouverte, les pierres prises sur le même banc de pierre que celui qui est actuellement en exploitation, quand même ce serait à une distance éloignée de l'ouverture de la carrière, pour peu qu'il soit dans la même propriété. Les contesta-

crayères et marnières, mêmes départements); 22 novembre 1822 Loir-et-Cher); 15 juin 1823 (Maine-et-Loire); 8 janvier 1834 (Ardennes); 28 mars 1831 (Orne, Charente-Inférieure, Maine-et-Loire.

(1) Laferrière, D. adminis., t. 11, p. 532.

(2) Arrêt du conseil de 1755, et loi du 16 septembre 1807.

(3) La jurisprudence nouvelle du conseil d'Etat décide même qu'il n'est pas nécessaire qu'elle soit en exploitation actuelle. Décisions du conseil d'Etat, 18 octobre 1834. 2 janvier 1838.

15.

tions sur les indemnités seront du ressort des tribunaux administratifs, conformément à la loi de pluviôse an viii, mais cette compétence ne doit être reconnue, que dans le cas où les matériaux ont été employés au service public. Les indemnités dues dans le cas où l'entrepreneur des travaux publics se serait servi des pierres pour son usage, appartiendraient aux tribunaux civils (1); il en serait de même s'il y avait eu un contrat entre l'entrepreneur et le propriétaire.

155. En étudiant la législation des minières, nous avons reconnu la contradiction de la loi, qui classait les tourbières parmi les minières, et les soumettait à une législation différente, se rapprochant plutôt des règles imposées aux carrières. D'où vient ce vice de la loi? Elle est partie de ce principe général, que les minières sont la propriété du superficiaire, et qu'en conséquence elles doivent être exploitées par lui; si on en fût resté là, la législation eût été la même pour les tourbières que pour les autres minières; mais on se souvient que les plus importantes minières sont celles d'où on extrait le minerai de fer, et il n'était pas possible de s'en remettre, pour leur exploitation, au caprice du propriétaire; c'est pour cela qu'on a admis les maîtres de forges voisins à le suppléer lorsqu'il ne voudrait pas exploiter lui-même. Ce caractère de nécessité absolue, constaté par le législateur pour les minerais de fer, ne l'a pas été pour les tourbières; on a donc réservé au propriétaire seul le droit de les

____

(1) Richard, n° 312.

exploiter, ce qui les fait rentrer, à peu de choses près, dans la classe des carrières (1). Cependant il y avait un intérêt public engagé à les soumettre à une suveillance plus active que les carrières. Les tourbières, par leur nature, présentent un danger public, non pas à cause de leur exploitation, mais bien des résultats qu'elle peut amener: la tourbe est, en effet, une matière composée de débris combustibles et susceptibles de procurer un mode de chauffage économique, mais ce résidu se trouve dans les terrains marécageux, et l'enlèvement de la tourbe forme des marais pleins d'une eau stagnante, qui produisent dans le pays où ils se trouvent des épidémies désastreuses par suite de leurs émanations funestes.

156. Voilà le danger auquel devait remédier l'administration. Le propriétaire est donc obligé de se munir d'une autorisation, pour commencer ou continuer son exploitation sous peine d'une amende de 100 francs. (Loi de 1810, art. 84). Cette amende d'abord de 500 francs fut réduite à 100, sur les observations de la commission du Corps législatif (2). L'autorisation sera accordée par le sous-préfet, mais remarquez que cette autorisation ne doit être refusée que dans le cas où l'exploitation compromettrait

(1) Cette règle est contestée, même pour les carrières : on prétend que la loi de 1791 n'ayant pas été abrogée dans toutes les parties où la loi de 1810 est muette ; il faudrait autoriser l'exploitation des carrières par les usines en certains cas. Tel ne nous paraît pas être l'esprit de la loi. *V.* Husson, p. 726.

(2) Locré, t. 1x, p. 480.

la santé publique, soit par elle-même, soit par les obstacles qu'elle apporterait à l'écoulement des eaux des exploitations voisines. L'administration est en outre chargée, dans les arrondissements où il y a des tourbes, de veiller à l'exécution des règlements qui prescriront les mesures à prendre pour l'écoulement des eaux et l'atterrissement des entailles exploitées. Les exploitants seront forcés de s'y soumettre, sous peine de se voir retirer l'autorisation en vertu de laquelle ils exploitent.

157. Terminons cette matière, en disant que l'article 32, qui dispense les exploitations des mines, de la patente, et ne leur reconnaît pas le caractère commercial, est applicable par *a fortiori* aux minières, aux carrières et aux tourbières, travaux dans lesquels la loi reconnaît avec plus de force et de clarté des exploitations agricoles (1, 2).

L'ordonnance du 18 février 1821, qui posait les règles à appliquer quand il y avait connexité entre l'exploitation des mines entre elles, ou des mines avec les minières, est également applicable aux carrières. Il est dans l'esprit de la loi de regarder les mines, comme plus importantes que les carrières, il est donc évident que lorsque les deux exploitations ne peuvent avoir lieu concurremment, c'est l'exploitation de la carrière qui doit cesser, et celle de la mine qui doit continuer. Il y a là une règle rigoureuse pour les

(1) Ordonnance 25 décembre 1835 ; 14 novembre 1835. Annales des mines, t. x, p. 627.

(2) *V.* Cep. Troplong, Sociétés n° 334.

propriétaires de carrière, mais elle est dictée par l'intérêt public.

158. La distinction profonde que la loi a mise entre les principes de la propriété applicables aux mines et ceux applicables aux minières et carrières, nous a permis d'en séparer l'explication, et de réunir ici les quelques règles propres aux minières et aux carrières. L'idée dominante est la propriété du superficiaire; les exploitations de cette nature peuvent donc être considérées comme des accessoires du fonds. Nous avons déjà développé suffisamment cette idée, disons quels en sont les résultats.

159. Les articles 598 et 1403, que nous avons considérés comme presque complétement abrogés à l'égard des mines, restent dans leurs termes parfaitement applicables aux carrières et aux minières; ainsi l'usufruitier ne pourra toucher les produits des minières et des carrières, qu'autant que ces exploitations seraient en activité avant la constitution de l'usufruit, nous considérons comme très-valable la clause qui attribuerait à l'usufruitier le produit des minières ou carrières, qui pourraient être trouvées sur le fonds dont il s'agit; il nous semble qu'on ne peut pas dire que cette clause soit contraire à l'essence de l'usufruit, sous prétexte qu'elle entame le fonds, puisque l'article 598, autorise dans certain cas,

l'usufruitier à s'attribuer ses produits, si la minière n'est pas exploitée par le propriétaire ; il ne nous semble pas douteux que l'indemnité, qui est payée comme prix du minerai n'appartienne à l'usufruitier, toujours bien entendu, si la minière a été ouverte avant l'usufruit, car elle est le produit de la minière, elle représente la valeur du minerai extrait.

Si la minière n'est découverte sur le fonds que postérieurement à l'usufruit, le nu - propriétaire pourra-t-il l'exploiter malgré l'usufruitier? la raison de douter est dans l'art. 599 du code Napoléon. *Le nu-propriétaire ne peut, par son fait, de quelque manière que ce soit, nuire aux droits de l'usufruitier.* Quelque positive que paraisse cette disposition, elle ne nous semble pas s'étendre à notre hypothèse. On a pu s'assurer, en effet, que l'exploitation du minerai de fer, par exemple, importait aux intérêts publics, que lorsque le propriétaire n'exploitait pas, les maîtres de forges pouvaient se faire substituer dans le droit d'exploiter du propriétaire; or peut-on dire, que parce qu'un fonds est grevé d'usufruit il est, par cela même, frappé de stérilité à l'égard des maîtres de forges et qu'ils ne pourraient pas exploiter avec permission ce fonds, si lui seul pouvait leur fournir du minerai ; cette disposition n'est écrite nulle part. Ce premier point admis, les conséquences vont se produire d'elles-mêmes. Le maître de forges ne peut obtenir la permission d'exploiter, que lorsque le propriétaire refuse d'exploiter lui-même, et peut-on considérer comme refusant d'exploiter; le propriétaire auquel la loi dénie ce droit, on tomberait évidemment dans un cercle vicieux. Disons donc que l'exploitation des minières intéresse l'ordre public, et que le nu-propriétaire aura toujours le droit de les exploiter en payant, bien entendu, à l'usufruitier les indemnités pour le préjudice éprouvé par lui, telles qu'elles sont réglées par l'art. 44, loi du 21 avril 1810. Les mêmes raisons de décider n'existeraient pas pour les carrières, et nous pensons qu'il faudrait leur appliquer l'art. 599, C. N., dans toute sa rigueur.

160. C'est chose assez difficile que de déterminer jusqu'où s'étend le droit de l'usufruitier d'une minière, d'une carrière, ou même d'une mine; il est certain que ne devant jouir que passagèrement, il cherchera à tirer le plus grand parti possible de l'objet dont il a l'usufruit, et pourra l'épuiser; il est vrai qu'il est obligé de jouir comme un bon père de famille, mais la théorie du bon père de famille est un peu abstraite, et ne s'applique pas aux faits, sans difficultés. Sera-ce jouir comme un bon père de famille que d'occuper trois cents ouvriers dans une carrière ou dans une minière, où le propriétaire qui a précédé l'usufruitier en occupait cent? Devra-t-on obliger l'usufruitier à maintenir l'exploitation dans les limites où l'avait placé son auteur, et ne pourra-t-il pas dire, que ce n'est pas le faire jouir en bon père de famille, que de l'empêcher de profiter d'un moment où le prix du fer est très-élevé, pour en extraire une plus grande quantité? Ne pourra-t-il pas

même être obligé, par les exigences des maîtres de forges voisins, d'augmenter son exploitation? Ce sont là toutes questions de fait, dont il est sage de laisser la décision aux tribunaux.

161. Les droits de la communauté sur les minières et carrières seront réglés par l'art. 1403. La communauté jouira, dans tous les cas, des minières et carrières, qu'elles soient ouvertes ou non pendant le mariage; seulement, dans le cas où elles ne l'auraient été qu'après le mariage, elle devra récompense à l'époux sur le fonds duquel la minière ou la carrière aura été ouverte. Il y a donc cette différence entre l'usufruitier et la communauté, que l'un ne peut pas commencer d'exploitations de cette nature, tandis que l'autre peut bien en commencer, mais ne peut pas profiter des produits qu'on en tire; l'époux devrait récompense à la communauté des frais qu'elle aurait faits pour l'exploitation, jusqu'à concurrence de la plus-value que l'ouverture de la carrière ou minière aurait donnée au fonds. L'usufruitier et la communauté pourraient prendre des pierres pour les réparations à faire aux immeubles propres à l'époux ou au fonds donné en usufruit; argument tiré de l'art. 592 et de l'art. 1403 1°. Lorsqu'une minière ou une carrière est découverte sur un fonds, si le fonds était hypothéqué, le droit du créancier hypothécaire s'étend à la minère ou à la carrière, qui ne sont que des accessoires du fonds; mais si la minière n'est pas exploitée par le propriétaire, le droit du créancier hypothécaire frappera-t-il l'indemnité,

qui doit être en ce cas payée au propriétaire? Encore,
que cette indemnité n'ait pas le caractère immobilier,
qui est propre à la redevance due à propos des mines, il n'en est pas moins certain qu'elle est dans ce
cas un produit du fonds, une espèce de fruit, qui
sera affecté au paiement des créances hypothécaires
comme les fruits.

162. Les minières, les carrières, les tourbières,
peuvent-elles être louées ou vendues séparément du
fonds principal? Peuvent-elles être affectées, seules,
au paiement d'une créance par hypothèque ou par
privilége? Toutes les questions reviennent à celle-ci :
Les minières, etc., peuvent-elles former une propriété séparée du fonds? Nous croyons que la réponse
doit être affirmative. Nous ne voyons aucune prohibition dans la loi à des conventions de la nature de
celles que nous venons d'indiquer; que peut-on dire
dans l'opinion contraire, sinon reproduire ce raisonnement spécieux, mais qui, nous le croyons, n'a jamais été admis par la loi : que les exploitations de
ce genre absorbant le fonds, il n'y avait réellement là
qu'une vente d'objets mobiliers à charge d'enlèvement; qu'ainsi vendre une carrière, en se réservant
la propriété du fonds, c'était vendre uniquement la
pierre qui se trouvait sur son fonds; que louer l'exploitation, c'était vendre une certaine quantité d'objets mobiliers; que s'il était vrai que la pierre était
immeuble tant qu'elle était dans la terre, elle perdait ce caractère dès qu'elle était extraite, c'est-à-
dire, dès qu'elle passait des mains du propriétaire du

fonds, entre les mains de l'acheteur. Une théorie pareille n'a jamais été dans l'esprit de la loi, en effet, si ce raisonnement était vrai, il s'appliquerait aussi bien aux mines. On répond que la loi assimile partout les carrières aux bois et que la vente des bois, bien qu'ils soient immeubles tant qu'ils ne sont pas détachés, n'est pourtant que la vente d'une chose mobilière. Nous pensons, quant à nous, que les carrières et les minières ont une plus grande analogie avec les mines qu'avec les bois, et nous conservons notre solution (1).

(1) Troplong, priv. n° 401 bis.

CHAPITRE IV.

Dispositions générales.

SECTION I. — *Des expertises (loi de 1810, art. 87).*

163. La loi de 1810 est terminée par deux titres qui contiennent des dispositions communes aux diverses substances minérales (mines, minières et carrières). Le premier de ces titres est relatif aux expertises.

164. Nous avons eu occasion de faire remarquer dans le cours de ce travail qu'il y avait dans la législation des mines des cas nombreux où il y avait lieu à expertise. La vérification des points de fait, les connaissances spéciales qu'exigent les questions de ce genre, rendent fréquemment nécessaire cette manière de procéder. Rappelons brièvement les cas principaux où l'expertise devra être employée: 1° lorsqu'il y aura des points de fait à vérifier; 2° lorsqu'il faudra savoir si l'exploitation a été dirigée conformément aux règles de l'art: ce qui peut avoir une grande influence sur la quotité de

l'indemnité à accorder à un concessionnaire pour
le préjudice que lui auraient causé les travaux opé-
rés dans la mine voisine, dans le cas ou le préjudice
causé doit toujours être réparé, quoique les travaux du voisin soient réguliers. L'expertise sera
encore nécessaire pour déterminer la quotité des
dommages-intérêts dus aux superficiaires (art. 44 1°)
pour estimer la valeur des terrains endommagés
(44 2°) pour établir si les terrains menacent les édifices (art. 15), s'il y a lieu à ordonner de fournir
une caution (art. 15), si l'ou est dans un des cas
prévus par l'art 11.

165. L'expertise aura lieu dans les mêmes formes,
soit qu'elle ait été ordonnée par le conseil de préfecture, ou par les tribunaux ordinaires; c'est toujours au code de procédure civile qu'il faudra
avoir recours (1); ainsi l'expertise devra toujours
être faite par trois experts, à moins que les parties
n'aient consenti à ce qu'elle soit faite par un seul.
Les experts ne devront former qu'un avis à la plu-
ralité des voix; il devra être fait sommation aux
parties de se trouver, aux jours et heures où doivent
avoir lieu les opérations, même quand l'expertise
aura été ordonnée par le conseil de préfecture (2). Les
juges ne sont pas astreints à suivre l'avis des experts,
si leur conviction s'y oppose. Enfin, la consignation

(1) *V.* Code de procédure civile, tit. 14, art. 203 à 323.
(2) Ordonnance du 24 juillet 1835, annulant un arrêté du cons.
de préf. de la Mayenne. Annales des mines, t. VIII, p. 602.

des sommes nécessaires à l'expertise pourra être prononcée contre celui qui la poursuivra. Les tribunaux pourront désigner comme experts telle personne qu'ils jugeront convenable : leur choix n'est pas restreint aux ingénieurs des mines, comme le proposait le projet de loi de 1810 ; on a pensé que d'anciens exploitants pouvaient, avec leurs connaissances pratiques, donner à la justice d'utiles renseignements dont on ne devait pas la priver. Mais quand les tribunaux auront choisi des ingénieurs, il seront de véritables experts, ils auront droit à des honoraires réglés sur le même tarif que pour tout autre expert (1), et les honoraires seront arrêtés par les tribunaux, d'après un tarif qui sera fait en forme de règlement d'administration publique. Quand les ingénieurs sont investis de ces fonctions, leur caractère d'agent du gouvernement disparaît tellement qu'ils peuvent expertiser, même dans les cas où l'administration est en cause ; bien plus, ils ne pourront pas être récusés pour ce motif (2).

166. Si la loi n'a pas forcé les tribunaux à choisir les experts en pareille matière parmi les ingénieurs des mines, à eux seuls elle a réservé le droit de donner force probante aux plans : ils ne peuvent être invoqués en justice, que lorsqu'ils auront été vérifiés par un ingénieur des mines (3) ; néanmoins la partie

(1) Loi de 1810, art. 91.
(2) Cassation, 19 décembre 1833.
(3) Locré, t. 1x, p. 336. Loi du 21 avril 1810, art. 91.

adverse sera toujours admise à prouver l'inexactitude du plan présenté. Enfin, les causes où il y aura rapport d'expert seront communicables au ministère public, lorsque ces contestations seront jugées par les tribunaux ordinaires. Mais cette règle est toute spéciale, au cas où il y a expertise; sauf, bien entendu, les applications générales de l'art. 83 du Code de procédure civile; les contestations concernant les mines ne sont pas communicables dans d'autres cas particuliers, et partant, ne tombent pas sous l'application de l'art. 1004 du Code de procédure civile. C'est ce qui résulte, selon nous, de l'art. 89 de la loi de 1810 (1). Les autres règles de la procédure sont applicables à toutes les questions litigieuses que pourraient soulever la législation des mines, et notamment à la descente sur lieux et aux enquêtes (2).

SECTION II. — *Des règles de police et de la surveillance de l'administration, juridiction (loi de 1810, tit. v, art. 47, 48, 70, 93, tit. x, 93 et 96, décret du 3 janvier 1813).*

167. Outre les obligations dont nous avons déjà parlé, les concessionnaires sont soumis à des règles de police, qui sont de véritables obligations. La plupart de ces dispositions se trouvent dans un décret du 3 janvier 1813 (3). Les exploitants sont tenus d'entre-

(1) Cassation, 14 mai 1839.
(2) Locré, t. ix, p. 276. Titre 12 et titre 295. C. proc. civ.
(3) Au cas d'accident, V. Instruction, 2 septembre 1833; 27 février 1835; 12 septembre 1839.

tenir une pharmacie dans l'exploitation, pour fournir tous les remèdes nécessaires aux asphyxiés, ou aux ouvriers auxquels il sera arrivé un accident ; le ministre des travaux publics a même le droit de déterminer les exploitations, où, à cause du nombre des ouvriers qui y sont employés, il y a lieu d'entretenir un médecin ou un chirurgien. La sanction de cette obligation est dans les art. 309 et 320 du Code pénal, dans la responsabilité personnelle du directeur, et dans les dommages-intérêts à payer à qui de droit (1). Les exploitants sont tenus de donner avis aux maires des communes, de tous les accidents survenus dans la mine, les maires sont obligés de se faire représenter les cadavres, et dans le cas où le cadavre ne pourrait être retrouvé, il doit être dressé un procès-verbal, qui sera communiqué au procureur impérial (2).

Les concessionnaires doivent, avec tous ceux de leurs ouvriers dont la présence n'est pas absolument nécessaire à la sûreté publique dans leur exploitation, porter secours aux concessions voisines où il serait arrivé des accidents. C'est à la fois un devoir d'humanité et un devoir civil (3). Ils sont aussi soumis à certaines règles de police relatives à leurs ouvriers, telle que l'obligation d'exiger d'eux un livret (4).

La loi du 21 mai 1836, art. 14, oblige les con-

(1) Décret de 1813, art. 15, 16, 20, 22.
(2) Art. 11, 12, 18, 19, même décret.
(3) Art 17, même décret.
(4) Art. 25 et 26, décret de 1813.

cessionnaires à réparer les chemins vicinaux dégradés par leur exploitation. La quotité de leur contribution réglée, soit en nature, soit en argent, sera fixée par une expertise d'après l'art. 17 de la même loi. L'arrêté du conseil de préfecture, qui les condamnerait à une redevance fixe pour l'avenir, devrait être annulé, parce qu'on ne peut ordonner le payement d'indemnités et fixer leur quotité pour un dommage futur (1).

Deux arrêtés du préfet de la Loire, approuvés par le ministre des travaux publics, obligent les concessionnaires : 1° au remblais des galeries dont l'exploitation est abandonnée; 2° à ne permettre aux ouvriers mineurs que l'usage des épinglettes en cuivre, de peur que le frottement des épinglettes en fer contre le rocher ne produise une étincelle, qui mette le feu aux poudres et amène une explosion (2). La clause générale des concessions des mines de la Loire les oblige à enlever de leurs galeries les houilles menues inflammables, qui sont une cause fréquente d'incendie: ils ne pourront être dispensés de cette obligation que par un arrêté du préfet, lorsqu'il sera certain qu'il n'existe aucun danger. Lorsque les concessions sont voisines, les exploitants doivent laisser entre les deux exploitations un massif de houille d'une certaine dimension.

168. Enfin, la dernière obligation du concession-

(1) Ordonnance du 25 août 1835.
(2) Arrêtés des 6 et 8 mars 1839.

naire est de se soumettre à la surveillance de l'administration (1).

Nous avons dit plus haut que les règles de police
étaient déterminées par les règlements locaux pour
les carrières et les tourbières. (Loi de 1810, art. 81.)

L'un des points les plus difficiles à organiser
pour faire une bonne loi sur les mines, c'est la surveillance de l'Etat. L'exploitation des mines présente
trop de dangers pour la sûreté publique, leur mise
en valeur trop d'importance pour la nation, pour
que l'Etat les abandonne à la direction privée sans y
intervenir. Ce point reconnu, que l'intervention de
l'Etat est nécessaire, le législateur qui veut la régler
se trouve entre un double écueil; en effet, ou la surveillance est insuffisante, ou elle blesse les intérêts
du concessionnaire, et porte atteinte à ses droits de
propriétaire. La limite entre l'intervention pour cause
d'utilité publique et l'intervention dans les intérêts
privés est très-difficile à saisir. La loi de 1810 a
cherché à la marquer. Elle a confié à l'administration centrale, représentée par le préfet, un pouvoir
discrétionnaire pour la suspension des travaux lorsqu'ils menaceraient la sûreté publique, sauf le droit
de recours au ministre contre l'arrêté du préfet, et
au conseil d'Etat par la voie contentieuse contre
l'arrêté ministériel.

Les préfets, fonctionnaires administratifs, en gé-

____

(1) V. aussi la concession générale des mines de la Loire et arrêté
du préfet de la Loire, du 14 février 1815.

16.

néral, parfaitement étrangers à la science de l'exploitation des mines, sont secondés par les ingénieurs des mines chargés de les éclairer.

Les attributions des ingénieurs des mines consistent donc à provoquer les arrêtés du préfet pour tout ce qui concerne la conservation des édifices et la sûreté du sol; ils n'ont le droit de prendre, d'eux-mêmes, les mesures qu'ils jugeront nécessaires, que dans le cas de péril imminent. (Voir décret du 3 janvier 1813, art. 3, 4 et 5.) Ces mesures peuvent aller jusqu'à la suspension de l'exploitation de la mine, dans le cas où les ingénieurs des mines jugeraient que l'état de vétusté des travaux, considérés comme n'étant pas susceptibles de réparations, menace la sûreté des ouvriers; si le propriétaire conteste, il nommera un expert, un autre sera nommé par le préfet, un tiers expert sera nommé par le juge de paix, l'enquête sera ouverte devant un membre du conseil d'arrondissement, et la décision de clôture de la mine sera prise par le ministre sur l'avis du conseil des mines, sauf recours au conseil d'Etat (art. 7, décret de 1813). On voit de quelles précautions protectrices des intérêts du propriétaire, la loi entoure le retrait de la concession, dans un cas où il est indispensable à la sûreté publique. Ces règles ont été reproduites par l'instruction du 26 mars 1843; on a même été jusqu'à accorder à l'administration le droit de faire d'office et aux frais des concessionnaires les travaux reconnus nécessaires; sauf recours au conseil de préfecture pour le règlement des frais.

Sous aucun prétexte les ingénieurs n'auront le droit d'intervenir, autrement que par des conseils, dans l'exploitation de la mine, quand le mode employé ne sera pas dangereux (1), et qu'ils proposeront seulement d'y substituer un mode plus productif. C'est ce qui résulte évidemment de la discussion au conseil d'Etat, où ce point fut vivement débattu (2).

169. Ils devront également constater les contraventions aux lois de police et en informer le préfet, il y sera pourvu comme au cas de contravention en matière de voirie. Ils sont chargés, concurremment avec les maires, de prendre toutes les mesures nécessaires en cas d'accident et de diriger les travaux; ils transmettront un rapport sur les causes des accidents, au sous-préfet de l'arrondissement et au procureur impérial. Les carrières exploitées par galeries sont soumises à la même surveillance que les mines, nous devons donc leur appliquer toutes les règles que nous venons de donner, en tant que le permet la nature des choses.

Outre ces diverses attributions, les ingénieurs sont encore chargés de faire des études géologiques pour

(1) « *Il faut déterminer les fonctions des ingénieurs des mines,* « *de sorte qu'ils puissent connaître le mode d'exploitation usité* « *dans les mines; s'ils reconnaissent qu'il est nuisible à l'intérêt* « *public, ils doivent en informer l'autorité, mais s'il n'a d'autre* « *inconvénient que de ne pas rendre au propriétaire tout le pro-* « *duit qu'il pourrait retirer, les ingénieurs n'ont pas le droit de le* « *réformer.*» (*Napoléon au conseil d'État, séance du 13 février* 1810). Locré, t. IX, p. 457 et 458.

(2) Locré, t. IV, p. 178, 233, 271, 278, 285, 286, 474, 529.

arriver à la découverte des mines, de donner leur avis sur l'opportunité des recherches, d'exploiter les mines qui appartiennent à l'Etat (1). Enfin les ingénieurs sont chargés de constater toutes les contraventions des exploitants et de les déférer au procureur impérial.

170. Devant quelle juridiction sera portée la connaissance des contraventions commises par les exploitants dans l'extraction des substances minérales? Des priviléges de juridiction avaient été consacrés en leur faveur dans toutes les anciennes ordonnances; dans le dernier état du droit ils étaient justiciables, à cet égard, du grand maître super-intendant des mines. La législation de 1791, en renversant tout l'échafaudage judiciaire de l'ancien régime, fit disparaître tous ces tribunaux spéciaux qui s'étaient multipliés sur notre sol, et lorsqu'on réorganisa la constitution politique de notre pays, on posa comme principe la suppression de toutes les juridictions extraordinaires. Mais une fois cette question tranchée, à quelle juridiction allait appartenir la connaissance des contraventions qui nous occupent? Elle fut donnée aux tribunaux ordinaires, les tribunaux administratifs étaient loin d'avoir envahi sur les attributions de la justice ordinaire, comme ils l'ont fait plus tard, et ils

(1) V. d'ailleurs, pour tout ce qui est relatif à l'organisation de ce corps: Décret du 18 septembre 1810; décret du 3 janvier 1813; loi du 27 avril 1838, et enfin le décret du 24 décembre 1851 , qui règle les conditions d'admission et d'avancement dans le corps des ingénieurs.

n'avaient pas, à cette époque la prétention de se trans-
former en juges de police (1). Du reste cette prétention se manifesta dès 1813 (2), dans le règlement
du 22 mars, relatif aux carrières dans les départements de la Seine et de Seine-et-Oise. Quoi qu'il en
soit de ce règlement, les règles de la loi de 1810 sont,
grâce à Dieu, encore en vigueur pour toutes les substances autres que les carrières, et dans tous les départements autres que ceux de la Seine et Seine-et-Oise, et
c'est bien aux tribunaux correctionnels qu'appartient
la connaissance des contraventions commises en matière de mines.

171. Les contraventions seront constatées par les
ingénieurs des mines, ou par les officiers de police
judiciaire (3), comme en matière forestière et en

(1) Ordonnance du 22 novembre 1820.

(2) L'art. 80 de la loi de 1810 soumet les carrières à l'observation des règlements locaux. Quelle est la portée à donner à cette
disposition? Faut-il reconnaître, avec l'administration, qu'elle est
autorisée par là à changer les règles de compétence posées dans
le titre 10 de la loi du 21 avril 1811 ; si la réponse est négative il
faut considérer comme n'ayant pas d'existence légale, les art. 30, 31,
32 du règlement du 22 mars 1813, qui décident que les contraventions
commises par les carriers dans les départements de la Seine et de
Seine-et-Oise seront de la compétence des conseils de préfecture ;
le résultat le plus bizarre de cette disposition c'est de changer le
mode de compétence suivant le pays où se trouve située la carrière,
car ce règlement n'est applicable que dans les départements de
la Seine et de Seine-et-Oise ; nonobstant l'incroyable théorie que
crée ce règlement, il a été appliqué en vertu de l'art. 81 de la loi
de 1810 par arrêt du 27 septembre 1843. Cette interprétation est,
selon nous, trop large et va beaucoup au delà de la pensée du législateur, qui n'avait évidemment en vue, dans l'article 81 de la
loi de 1810, que les règles de police. V. Husson, n° 725.

(3) Instr. crim., art. 9.

matière de voirie (loi de 1810, art. 93). Ils ne devront être signifiés aux parties, que lorsqu'ils seront crus jusqu'à inscription de faux (1). Les procès-verbaux des ingénieurs des mines ne font pas foi jusqu'à inscription de faux : on n'a pas voulu leur accorder ce droit, qui eût pu souvent devenir pour eux un danger (2). Leurs procès-verbaux n'auront donc pas besoin d'être signifiés à partie (3). Les originaux des procès-verbaux seront envoyés aux procureurs impériaux, qui exerceront les poursuites, sans préjudice de l'action civile s'il y a lieu (4). La peine infligée pour les contraventions sera une amende de 100 à 500 francs, dans certains cas son maximum sera de 100 francs (loi de 1810, art. 96 et 84). Les règles de la récidive sont applicables aux contraventions en matière de mines : pour qu'il y ait récidive, il ne sera pas nécessaire que la contravention ait lieu dans la même exploitation (5), il suffira qu'elle soit faite dans le même ressort, par le même individu, dans les douze mois (6). En cas de récidive, la condamnation à la prison pourra être encourue (7), mais les circonstances atténuantes pourront toujours être appliquées (8) par les tribunaux; cependant, par cela seul

(1) Inst. crim., art. 154.
(2) Locré, t. ix, p. 246 et suiv.
(3) Peyret l'Allier, t. ii, art. 93. Cassation, 8 août 1837.
(4) Inst. crim. (art. 1, 2, 3).
(5) Peyret l'Allier, sur l'art. 93 de la loi de 1810.
(6) Inst. crim., 483.
(7) Peyret l'Allier, loc. cit.
(8) Inst. crim., art. 463; conf. art. 483.

que la contravention aura été régulièrement constatée, une peine devra toujours être infligée, car en matière de contravention, l'intention n'est pas nécessaire pour constituer l'infraction. Il est bien entendu que les concessionnaires ne sont que civilement responsables des faits de leurs directeurs et gérants.

172. Les principales contraventions punissables sont les infractions à la loi de 1810, au décret de 1810, à tous les arrêtés ministériels ou préfectoraux légalement rendus, mais les règlements de police doivent être signifiés aux exploitants comme mise en demeure de les exécuter. Les délits commis dans les exploitations sont également soumis à la répression des tribunaux correctionnels, conformément aux règles ordinaires, par exemple, le cas prévu par les art. 319 et 320 du code pénal, ou celui prévu par les art. 413 et 420 du même code; ajoutons que, dans cette dernière hypothèse, le décret du 23 octobre 1852 a modifié le sens de l'art. 420, en ce que désormais toute association entre concessionnaires étant interdite par la loi, une association ayant pour résultat de faire hausser les prix de la matière extraite serait considérée comme une manœuvre frauduleuse.

TABLE.

POSITIONS.

Droit romain.

I. L'exception de dol, insérée dans les actions de droit strict pour faire valoir la compensation, ne peut amener qu'une diminution dans la condamnation.

II. Le pupille qui contracte sans l'autorisation de son tuteur s'oblige naturellement.

III. Dans l'ancien droit, le possesseur de bonne foi n'était pas forcé de restituer les fruits perçus qu'il n'avait pas encore consommés.

IV. Le possesseur de bonne foi ne peut se faire tenir compte des dépenses, même nécessaires, qu'il a faites, qu'en opposant l'exception de dol dans la revendication; s'il a négligé ce moyen, il n'a ni l'*actio negotiorum gestorum*, ni la *conditio indebiti*.

V. Les jurisconsultes romains étaient partagés sur

le concours des actions pénales, dans le dernier état du droit l'opinion de Papinien, d'Ulpien et d'Hermagemen avait prévalu.

VI. Lors même que la donation à cause de mort est faite entre époux, il y a toujours intérêt à distinguer si le donateur a voulu que la propriété passât dès à présent au donataire ou seulement à l'instant de sa mort.

Droit français.

I. La possession d'état ne prouve pas la filiation naturelle.

II. Les héritiers du mari ne peuvent, en cette qualité, attaquer les actes faits par la femme sans autorisation du mari.

III. Le privilége de l'architecte et de l'entrepreneur ne vaut qu'autant qu'ils ont pris inscription avant le commencement des travaux.

IV. Les servitudes apparentes, entre deux héritages ayant appartenu au même propriétaire, continuent d'exister lorsque l'acte de séparation des deux héritages ne contient pas d'énonciation contraire.

Législation des mines.

I. L'impôt du dixième, existant dans notre ancien droit sur les mines, vient du droit romain.

II. Les rois de France n'avaient pas la propriété des mines, même des mines d'or.

III. Les sociétés par action pour l'exploitation des mines ne sont pas commerciales.

IV. L'application de l'art. 11 de la loi du 21 avril 1810 exige que les deux fonds appartiennent au même propriétaire.

V. Lorsque les recherches ont été faites sans autorisation, l'autorité judiciaire est seule compétente pour juger les questions de dommages-intérêts et d'indemnités.

VI. Les dispositions des art. 598 et 1403, Code Napoléon, relatives aux mines, ne sont plus en vigueur.

Droit criminel.

I. Le complice ne supporte pas les aggravations de peine qui résultent de qualités personnelles à l'auteur, mais il supporte les aggravations lorsqu'elles résultent d'autres circonstances, quand même il n'en aurait pas eu connaissance.

II. La condamnation du coupable n'empêche pas l'action civile, née du crime, de se prescrire par dix ans lorsqu'elle n'a pas été intentée en même temps que l'action publique.

Droit des gens.

I. Lorsqu'un bâtiment d'une nation neutre a été repris par un navire français, on rendra le bâtiment à son propriétaire, sans droit de rescousse : 1° si la prise n'a pas été déclarée valable par les tribunaux du capteur ; 2° si, à défaut de ce jugement, elle n'est pas déclarée valable par les tribunaux français, jugeant d'après les principes français.

II. Dans le droit français, pour qu'un navire qui se présente pour entrer dans un port bloqué soit en contravention, il faut que l'état de blocus lui ait été notifié individuellement.

Vu par le président,
VUATRIN.

Vu par le doyen,
C. A. PELLAT.

Permis d'imprimer,

le 20 janvier 1853,

Le recteur de l'Académie,
CAYX.

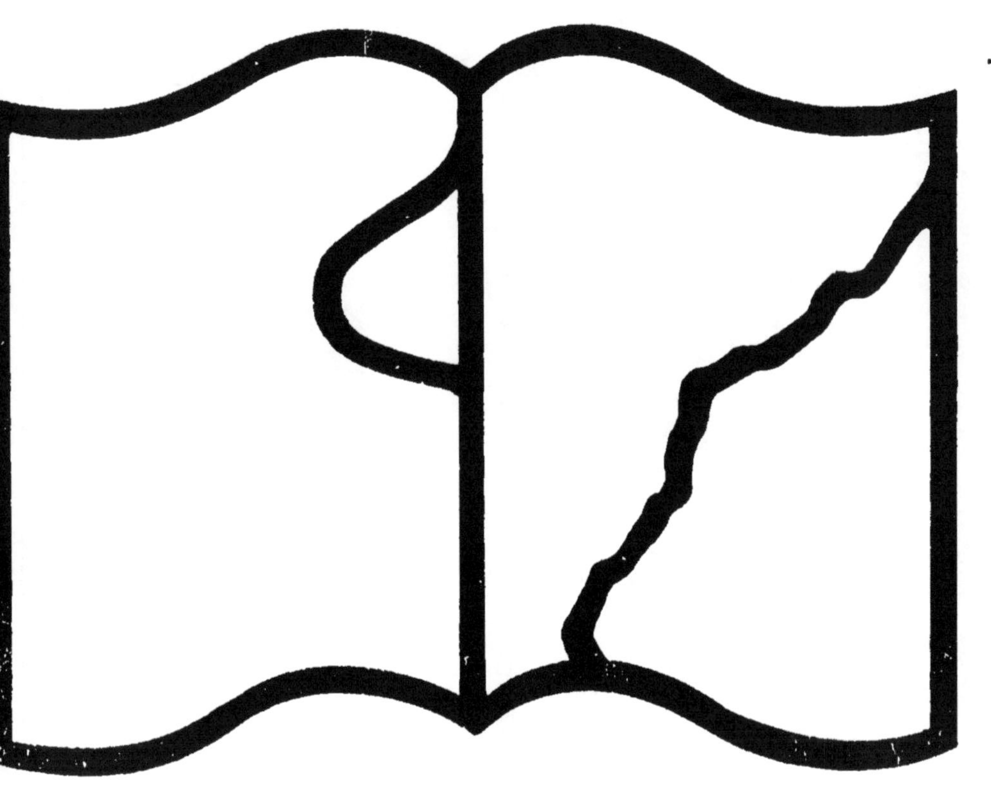

Texte détérioré — reliure défectueuse

NF Z 43-120-11

Contraste insuffisant

NF Z 43-120-14